Híbrido Digital
(Humano + IA)

Cómo Amplificar tu Potencial Humano en la Era de la Inteligencia Artificial

Dr. Carlos Ortiz Reyes

Derechos de autor © 2025 Carlos Ortiz Reyes

Todos los derechos reservados

Ninguna parte de este libro puede ser reproducida ni almacenada en un sistema de recuperación, ni transmitida de cualquier forma o por cualquier medio, electrónico, o de fotocopia, grabación o de cualquier otro modo, sin el permiso expreso del autor.

ISBN: 9798282810356

Diseño de la portada por: Gerardo E. Vélez Pérez

Impreso en los Estados Unidos de América

Híbrido Digital

A todos los soñadores, creadores y exploradores
que dan forma a un futuro donde la tecnología
amplifica nuestra capacidad humana en lugar de disminuirla.

Especialmente, a ti, lector, que has elegido ser protagonista
de esta extraordinaria transformación.

Híbrido Digital

Autor

Dr. Carlos Ortiz Reyes

Es catedrático asociado del Recinto de Ciencias Médicas de la Universidad de Puerto Rico con 38 años de servicio en la docencia. Es instructor de varios cursos entre los que se encuentran: Informática clínica, Introducción a la Ciencias de Datos, Aplicaciones y Herramientas para Ciencias de Datos y fue uno de los creadores del Certificado Profesional en Ciencias de Datos ofrecido por el Recinto de Ciencias Médicas de la Universidad de Puerto Rico. El Dr. Carlos Ortiz Reyes ha tenido vasta experiencia como administrador y educador en el uso de tecnologías educativas para educación a distancia. Ha desempeñado distintos cargos administrativos y académicos desde director de programa, decano y rector interino. Es autor de los libros: Inteligencia artificial en la salud, Fundamentos y herramientas en las ciencias de datos, El Futuro de la inteligencia artificial: Predicciones y tendencias y El algoritmo del amor. En lo personal es además empresario y consultor en el campo de las tecnologías de información, educación a distancia y reside en la ciudad de San Juan, Puerto Rico.

Híbrido Digital

PREFACIO

Estimado Lector

Recuerdo vívidamente el momento en que me di cuenta de que estábamos en el umbral de una nueva era. No fue durante una conferencia tecnológica ni leyendo las últimas noticias sobre inteligencia artificial. Fue en una conversación cotidiana con mis estudiantes, quienes me explicaban con naturalidad cómo utilizaban la IA para mejorar sus estudios, crear contenido y resolver problemas. Para ellos, no había nada extraordinario en esto; era simplemente su forma de aprender y crear.

Ese momento me hizo comprender que estábamos presenciando algo más profundo que una simple revolución tecnológica. Estábamos viviendo el nacimiento de una nueva forma de ser humano: el Híbrido Digital. No como un concepto de ciencia ficción, sino como una realidad emergente que ya está transformando cómo vivimos, trabajamos y creamos.

A lo largo de mi carrera en informática y tecnología, he sido testigo de múltiples oleadas de cambios tecnológicos. He vivido desde lo análogo hasta lo digital. Pero esta vez es diferente. La integración de la inteligencia artificial en nuestras vidas no es simplemente otra herramienta que debemos aprender a usar; representa una oportunidad sin precedentes para redefinir lo que significa ser humano en la era digital.

Este libro nació de una pregunta simple pero profunda: Si la inteligencia artificial está cambiando cada 8 a 10 semanas, ¿Cómo podemos evolucionar conscientemente en esta era de transformación tan acelerada?. No quería escribir otro libro sobre tecnología o inteligencia artificial. El mundo ya tiene suficientes de esos. Quería crear una guía práctica para aquellos que, como yo, sienten tanto la emoción como el vértigo de estar viviendo en este momento histórico y único.

Durante los últimos años, he tenido el privilegio de trabajar con personas y organizaciones que están navegando esta transformación. He visto de primera mano cómo algunos luchan contra la corriente del cambio, mientras otros aprenden a surfear sus olas. La diferencia no estaba en su nivel de conocimiento técnico, sino en su capacidad para integrar lo mejor de ambos mundos: la sabiduría humana y el poder de la IA.

Híbrido Digital

He visto a jóvenes profesionales crear valor de formas que eran imposibles hace apenas unos años. Y lo más fascinante: he sido testigo de cómo personas de todas las edades están encontrando formas únicas de convertirse sin saberlo en Híbridos Digitales.

Este libro es el resultado de esas observaciones, conversaciones y vivencias. Es un mapa para navegar un territorio que se está formando mientras lo exploramos. A través de estas páginas, comparto no solo conceptos y estrategias, sino también historias reales de transformación y lecciones prácticas que he recopilado en mi propio viaje como Híbrido Digital.

La decisión de escribir sobre este tema también surgió de una preocupación profunda. En medio de noticias sensacionalistas sobre la IA que oscilan entre la utopía y el apocalipsis, sentí la necesidad de ofrecer una perspectiva más equilibrada, positiva y práctica. Una visión que reconozca tanto el potencial transformador de la tecnología como el valor irreemplazable de nuestra humanidad.

Mi esperanza es que este libro sirva como un faro para aquellos que están comenzando su viaje de transformación, una guía para quienes ya están en camino, y una fuente de inspiración para todos los que creen que el futuro no es algo que nos sucede, sino algo que creamos activamente.

A medida que avances por estas páginas, te invito a pensar en este libro no como un manual definitivo, sino como un compañero en tu propio viaje de evolución. Cada capítulo está diseñado no solo para informar, sino para provocar reflexión y acción. Las herramientas, estrategias y perspectivas que comparto aquí son puntos de partida para tu propia exploración y descubrimiento.

Porque al final, ser un Híbrido Digital no se trata de seguir un camino predeterminado, sino de crear el tuyo propio. Se trata de encontrar tu manera única de combinar lo mejor de tu humanidad con las posibilidades emergentes de la tecnología. Y ese viaje, aunque desafiante, es quizás la aventura más emocionante de nuestro tiempo.

Dr. Carlos Ortiz Reyes

CONTENIDO

Página

Introducción 1

Parte I: Despertar Digital 3
Capítulo I.   El Gran Salto: De Homo Sapiens a Homo Digitalis
Capítulo II. El Escenario Actual: Desmitificando la Inteligencia Artificial
Capítulo III. La Paradoja del Progreso

Parte II: Aumentando el Potencial 29
Capítulo IV. Tu Cerebro 2.0
Capítulo V.   Inteligencia Simbiótica
Capítulo VI. El Arte de la Metamorfosis Digital

Parte III: Habilidades Híbridas 51
Capítulo VII. Alfabetización del Futuro
Capítulo VIII. Creatividad Aumentada
Capítulo IX.   Inteligencia Emocional Digital

Parte IV: Estrategias de Evolución 71
Capítulo X.   Camino hacia el Híbrido Digital: Una Guía Práctica
Capítulo XI. Economía de la Atención 2.0
Capítulo XII. El Arte de la Decisión Aumentada

Parte V: Transformación Práctica 93
Capítulo XIII. Cultivando tu Ventaja Híbrida
Capítulo XIV. Navegando el Futuro Laboral
Capítulo XV.   Tu Legado Digital

Epílogo 109

Vocabulario de Términos 111

Híbrido Digital

Introducción

"El Despertar del Híbrido Digital"

Imagina por un momento que te encuentras en la cúspide de dos mundos. En uno de ellos, están todas las capacidades que nos hacen extraordinariamente humanos: nuestra creatividad desbordante, nuestra intuición refinada, nuestra capacidad de ser empáticos y de soñar lo imposible. En el otro, se despliega un universo de posibilidades digitales en constante expansión, impulsado por la inteligencia artificial, que promete amplificar cada aspecto de nuestra existencia.

No estamos hablando de ciencia ficción. Estás viviendo ese momento ahora mismo.

La llegada de la IA no es solo otra revolución tecnológica; es el inicio de una nueva era en la evolución humana. Pero, a diferencia de otras revoluciones, esta vez tenemos la oportunidad única de ser arquitectos conscientes de nuestra propia transformación.

Este libro nace de una simple pero poderosa premisa: el futuro no pertenece ni a las máquinas ni a los humanos que les temen, sino a los híbridos digitales - aquellos que aprenden a amplificar sus capacidades humanas utilizando el poder de la inteligencia artificial.

¿Por qué "híbrido digital"? Porque ya no se trata de elegir entre ser más humano o más tecnológico. Se trata de ser ambos, de manera consciente e intencional. Se trata de desarrollar una nueva forma de existir donde nuestras capacidades humanas no compiten con la IA, sino que bailan con ella en una coreografía perfectamente sincronizada.

En las páginas que siguen, encontrarás mucho más que teorías o predicciones sobre el futuro. Encontrarás un mapa práctico, una guía de transformación personal que te ayudará a:

- Descubrir tus superpoderes únicamente humanos y aprender a amplificarlos con la IA

- Desarrollar nuevas habilidades que te harán verdaderamente irreemplazable
- Navegar con confianza en un mundo laboral en constante cambio
- Crear tu propia ventaja competitiva en la era de la automatización
- Diseñar un futuro donde la tecnología potencie tus capacidades humanas, en lugar de disminuirla

Este no es un libro sobre tecnología. Tampoco es un libro técnico sobre inteligencia artificial. Es un libro sobre evolución personal en la era digital. Sobre cómo mantener tu esencia humana mientras te adaptas y creces en un mundo cada vez más automatizado. Sobre cómo convertirte en la mejor versión de ti mismo, aumentada y apoyada por la IA.

Cada capítulo es un paso en tu viaje de transformación, combinando conocimientos fundamentales con herramientas prácticas y ejercicios diseñados para convertir la información en acción. No importa si eres un principiante digital o un experto en tecnología - este libro te encontrará donde estés y te guiará hacia donde necesitas estar.

Bienvenido a tu transformación en híbrido digital.

Parte I
Despertar Digital

Capítulo I
El Gran Salto: De Homo Sapiens a Homo Digitalis

"No es la especie más fuerte la que sobrevive, ni la más inteligente, sino la que mejor responde al cambio."
- *Charles Darwin*

En una cueva en Sudáfrica, hace aproximadamente 70,000 años, un humano primitivo realizó algo extraordinario: tomó un trozo de ocre rojo y dibujó una serie de líneas entrecruzadas en la pared. Este simple acto marcó uno de los primeros registros de pensamiento simbólico en nuestra especie. Fue una señal del despertar de la consciencia humana, el momento en que comenzamos a pensar de manera abstracta, a crear significado más allá de la mera supervivencia. Los historiadores llaman a este período la revolución cognitiva, el primer gran salto en la evolución de la consciencia humana.

Este salto transformó a un primate más en un arquitecto de civilizaciones. Desarrollamos la capacidad de crear historias compartidas, de imaginar realidades que no existían físicamente pero que podían unir a miles de personas en torno a ideas comunes: religiones, naciones, leyes, dinero. Esta capacidad de "ficción compartida" nos permitió cooperar de una forma sin precedentes, construir pirámides, fundar imperios y eventualmente, llegar a la luna.

Hoy, nos encontramos al borde de otro salto evolutivo de magnitud similar. La llegada de la inteligencia artificial no es simplemente otra innovación tecnológica en la larga lista de inventos humanos; representa una transformación fundamental en cómo pensamos, trabajamos, creamos y evolucionamos como especie. Es un momento único en la historia donde, por primera vez, tenemos la capacidad de dirigir conscientemente nuestra propia evolución.

La diferencia crucial entre este salto y los anteriores es la velocidad y la intencionalidad. Mientras que la Revolución Cognitiva se desarrolló durante miles de años, y la Revolución Industrial tomó siglos, la transformación digital está ocurriendo en décadas, incluso años. Y a diferencia de nuestros antepasados, que se adaptaron inconscientemente a los cambios en su entorno, nosotros tenemos la oportunidad única de ser arquitectos conscientes de nuestra propia transformación.

Este capítulo explora las dimensiones de este nuevo salto evolutivo, examinando cómo se está redefiniendo lo que significa ser humano en la era digital. Más importante aún, nos proporciona un marco para entender cómo podemos participar activamente en nuestra propia evolución, aprovechando las oportunidades sin precedentes que nos brinda esta era mientras navegamos sus desafíos únicos.

La Danza de la Coevolución

Imagine por un momento una escena aparentemente común en la actualidad: una niña de cinco años interactuando intuitivamente con una tableta, deslizando sus pequeños dedos por la pantalla, hablando con Alexa, y enseñándole a su abuela cómo hacer una videollamada. Esta escena, tan cotidiana hoy, habría sido considerada ciencia ficción hace apenas una generación. Para un observador de hace tan solo 30 años, esta niña parecería poseer poderes casi mágicos, manipulando la realidad con gestos y comandos de voz.

Esta dramática transformación en nuestras capacidades no se debe a un cambio en nuestro ADN - biológicamente somos prácticamente idénticos a nuestros antepasados de hace 10,000 años. Lo que ha cambiado es algo igualmente profundo: la relación simbiótica entre humanos y tecnología, una danza de coevolución que está acelerándose exponencialmente.

Esta coevolución no es un fenómeno nuevo. Cada herramienta que hemos creado a lo largo de la historia ha modificado no solo nuestro entorno sino también nuestra forma de pensar y procesar el mundo. El desarrollo del lenguaje escrito, por ejemplo, no solo nos permitió registrar información fuera de nuestra memoria biológica; transformó fundamentalmente la manera en que nuestro cerebro procesa y organiza el pensamiento. La invención de la imprenta no solo democratizó el conocimiento; cambió la forma en que la sociedad estructura y transmite ideas.

Lo que hace única a nuestra era es la velocidad y la profundidad de estos cambios. Por primera vez en la historia, estamos creando herramientas que no solo amplían nuestras capacidades físicas o mentales, sino que pueden pensar por sí mismas, aprender, y en algunos casos, superar nuestras capacidades en tareas específicas. La inteligencia artificial está redefiniendo los límites entre la capacidad humana y la máquina, creando un nuevo territorio donde la distinción entre lo natural y lo artificial se vuelve cada vez más borrosa. Esta fusión progresiva entre lo humano y lo digital está creando un nuevo tipo de ser: el Homo Digitalis. No es una nueva especie en términos biológicos, sino una nueva forma de existencia que combina las capacidades únicas del cerebro humano con el poder de procesamiento y análisis de las máquinas. Es la siguiente etapa en nuestra evolución, una donde conservamos nuestra humanidad esencial mientras expandimos dramáticamente nuestras capacidades a través de la tecnología.

El Nuevo Paisaje Mental

El cerebro humano es posiblemente el sistema más complejo que conocemos en el universo. Con sus aproximadamente 86 mil millones de neuronas y trillones de conexiones sinápticas, este órgano extraordinario evolucionó durante millones de años para ayudarnos a sobrevivir en la sabana africana. Sin embargo, hoy le pedimos que realice tareas para las que no fue diseñado originalmente: procesar volúmenes masivos de información digital, mantener docenas de conversaciones simultáneas en diferentes plataformas, y colaborar con inteligencias artificiales.

Este nuevo ambiente digital está provocando cambios significativos en nuestro paisaje mental. Así como nuestros antepasados desarrollaron nuevas áreas cerebrales en respuesta a los desafíos de su entorno, nuestros cerebros están adaptándose activamente al ecosistema digital. Los neurocientíficos han comenzado a documentar estas transformaciones, revelando cambios tanto positivos como desafiantes en nuestra arquitectura neural.

Por ejemplo, los nativos digitales muestran una mayor capacidad para el procesamiento paralelo de información y una notable habilidad para cambiar rápidamente entre diferentes tareas. Sus cerebros han desarrollado nuevas formas de filtrar y categorizar información, adaptándose a un mundo donde la abundancia de datos es la norma. Sin embargo, esta adaptación tiene un costo: la capacidad de atención profunda y sostenida parece estar disminuyendo, y nuestros patrones de memoria están cambiando dramáticamente.

Consideremos algunos cambios fundamentales que estamos experimentando:

1. Memoria Externalizada: Ya no necesitamos memorizar vastas cantidades de información cuando podemos acceder instantáneamente a ella a través de nuestros dispositivos. Nuestros cerebros están desarrollando lo que los psicólogos llaman "memoria transactiva" - en lugar de recordar la información en sí, recordamos dónde y cómo encontrarla. Este cambio libera recursos cognitivos para otras tareas, pero también nos hace más dependientes de la tecnología.

2. Atención Distribuida: Nuestro cerebro está desarrollando nuevas estrategias para manejar múltiples flujos de información simultáneos. La capacidad de "multitarea" digital, aunque a menudo criticada, está evolucionando hacia una forma más sofisticada de atención distribuida. No es que seamos mejores en hacer varias cosas a la vez, sino que estamos desarrollando mejores estrategias para alternar rápidamente entre tareas.

3. Neuroplasticidad Acelerada: La exposición constante a nuevas tecnologías y formas de interacción está ejercitando nuestra neuroplasticidad como nunca. Nuestros cerebros se están volviendo más adaptables, más rápidos para aprender nuevas interfaces y paradigmas tecnológicos. Esta adaptabilidad aumentada es quizás una de las características más definitorias del Homo Digitalis.

La Paradoja del Progreso Digital

En 2022, cuando ChatGPT irrumpió en la escena pública, desató una ola de ansiedad sobre el futuro del trabajo y la creatividad humana. La capacidad de la IA para escribir ensayos, código de programación, e incluso poesía, pareció amenazar aquello que considerábamos exclusivamente humano. Sin embargo, esta aparente amenaza nos ha llevado a una revelación paradójica: cuanto más "humanas" se vuelven las máquinas en sus capacidades, más crucial se vuelve nuestra propia humanidad.

Esta es la Paradoja del Progreso Digital: la automatización de habilidades tradicionalmente humanas no disminuye nuestra relevancia; por el contrario, eleva la importancia de aquellas cualidades que son fundamentalmente humanas y difíciles de replicar por las máquinas. Mientras la IA puede procesar datos a velocidades inimaginables y encontrar patrones en océanos de información, todavía lucha con aspectos que para nosotros son naturales: la empatía auténtica, la creatividad verdaderamente original, la intuición basada en experiencias vividas, y la capacidad de encontrar significado en la ambigüedad.

Consideremos algunos ejemplos concretos de esta paradoja:
En el campo médico, los algoritmos de IA pueden diagnosticar enfermedades con una precisión impresionante, analizando miles de imágenes médicas en segundos. Sin embargo, los mejores resultados se obtienen cuando estos sistemas trabajan en conjunto con médicos humanos. ¿Por qué? Porque mientras la IA excede en el reconocimiento de patrones, el médico aporta comprensión contextual, intuición desarrollada a través de años de experiencia, y la capacidad de comunicarse empáticamente con el paciente.

En el ámbito creativo, las herramientas de IA pueden generar arte, música y texto de manera instantánea. No obstante, los artistas humanos están descubriendo que estas herramientas, en lugar de reemplazarlos, amplían sus posibilidades creativas. La IA se convierte en un colaborador que maneja los aspectos técnicos, permitiendo al artista enfocarse en la visión creativa, la narrativa emocional y el significado más profundo de la obra.

Este fenómeno nos lleva a una comprensión crucial del Homo Digitalis: no se trata de competir con las máquinas en su terreno, sino de desarrollar y amplificar aquellas capacidades que nos hacen únicamente humanos:

1. Inteligencia Emocional Aumentada: La capacidad no solo de reconocer emociones, sino de entenderlas en su contexto cultural y personal, y responder con empatía auténtica.

2. Creatividad Contextual: La habilidad de conectar ideas aparentemente dispares y crear algo verdaderamente nuevo, basado en experiencias vividas y comprensión cultural profunda.

3. Juicio Ético Complejo: La capacidad de navegar dilemas morales considerando múltiples perspectivas y valores humanos fundamentales.

4. Pensamiento Sistémico Adaptativo: La habilidad de ver patrones más amplios y adaptar el pensamiento a contextos cambiantes, incorporando intuición y experiencia.

El Camino Hacia Adelante: Diseñando Nuestra Propia Evolución

A diferencia de la evolución biológica, que opera a través de mutaciones aleatorias y selección natural a lo largo de miles de generaciones, la evolución del Homo Digitalis ocurre en tiempo real y puede ser dirigida conscientemente. Esta es quizás la característica más extraordinaria de nuestra era: por primera vez en la historia de la humanidad, tenemos la capacidad de participar activamente en nuestro propio proceso evolutivo.

Este proceso de evolución consciente requiere un nuevo conjunto de competencias y consideraciones:

1. Consciencia Digital Aumentada- No se trata simplemente de aprender a usar nuevas herramientas, sino de desarrollar una comprensión profunda de cómo la tecnología está transformando nuestra cognición y comportamiento. Esta metacognición (el pensamiento sobre nuestro pensamiento) es fundamental para el Homo Digitalis. Necesitamos observar y entender:

   - Cómo cambian nuestros patrones de atención cuando interactuamos con diferentes interfaces digitales
   - Qué impacto tienen las redes sociales en nuestro estado emocional y procesos de toma de decisiones
   - Cómo afecta la hiperconectividad a nuestra capacidad de reflexión profunda y creatividad

2. Intencionalidad Evolutiva- La transformación digital no debe ser un proceso pasivo donde simplemente reaccionamos a los cambios tecnológicos. Debemos:

   - Identificar conscientemente qué aspectos de nuestra humanidad queremos preservar y amplificar
   - Elegir deliberadamente qué tecnologías incorporar en nuestra vida y cómo utilizarlas
   - Diseñar activamente nuestros entornos digitales para apoyar nuestro crecimiento y bienestar

3. Adaptabilidad Resiliente- En un mundo donde el cambio es la única constante, la adaptabilidad se convierte en una competencia crucial. Esto implica:

- Desarrollar la capacidad de aprender, desaprender y reaprender rápidamente
- Mantener un equilibrio dinámico entre estabilidad y flexibilidad
- Cultivar la resiliencia emocional y cognitiva frente a la incertidumbre tecnológica

4. Balance Integrado- El Homo Digitalis debe mantener un equilibrio delicado entre:

- Lo analógico y lo digital
- La eficiencia y la humanidad
- La velocidad y la profundidad
- La amplificación tecnológica y la autenticidad humana

El Amanecer del Híbrido Digital

A medida que nos adentramos más profundamente en la era de la inteligencia artificial, se hace evidente que el verdadero desafío no es si las máquinas nos reemplazarán, sino cómo evolucionaremos junto con ellas. El salto del Homo Sapiens al Homo Digitalis no es una simple actualización tecnológica; es una transformación fundamental en la manera en que existimos, pensamos y nos relacionamos con el mundo.

Este nuevo capítulo en la historia humana trae consigo oportunidades sin precedentes:

1. Amplificación Cognitiva- Por primera vez, tenemos la capacidad de expandir significativamente nuestras capacidades mentales a través de la simbiosis con la IA. No se trata de reemplazar el pensamiento humano, sino de potenciarlo, permitiéndonos:
   - Procesar y analizar cantidades masivas de información
   - Explorar nuevas formas de creatividad aumentada
   - Acceder a conocimiento colectivo en tiempo real
   - Desarrollar nuevas formas de resolución de problemas
2. Conexión Global Significativa- La tecnología digital no solo nos conecta; nos permite formar nuevos tipos de comunidades y colaboraciones que trascienden las limitaciones físicas:

- Creación de conocimiento colectivo
- Innovación distribuida y colaborativa
- Empatía global y comprensión intercultural
- Nuevas formas de organización social y económica
3. Evolución Consciente- La capacidad de dirigir activamente nuestra propia evolución nos brinda una responsabilidad única:
    - Definir el futuro de la interacción humano-máquina
    - Preservar y amplificar lo mejor de nuestra humanidad
    - Crear nuevos paradigmas de aprendizaje y desarrollo
    - Establecer marcos éticos para la era digital

El camino por delante no está exento de desafíos. La velocidad del cambio tecnológico, la brecha digital, las preocupaciones sobre la privacidad y la autonomía, y el impacto en la salud mental son solo algunos de los obstáculos que debemos navegar. Sin embargo, al igual que nuestros antepasados que dominaron el fuego y crearon las primeras herramientas, tenemos la capacidad de adaptar estas nuevas tecnologías para servir a nuestros propósitos más elevados.

El Híbrido Digital no es el fin de la humanidad, sino su siguiente capítulo. Es una oportunidad para redefinir lo que significa ser humano en una era de inteligencia aumentada. Y mientras nos embarcamos en este viaje evolutivo, la pregunta ya no es si debemos adaptarnos, sino cómo podemos hacerlo de manera que enriquezca nuestra humanidad en lugar de disminuirla.

El futuro pertenece a aquellos que pueden navegar con gracia esta dualidad: ser profundamente humanos y tecnológicamente fluidos. Este es el verdadero significado de ser un híbrido digital.

◆ ◆ ◆

Capítulo II
El Escenario Actual: Desmitificando la Inteligencia Artificial

"La tecnología suficientemente avanzada es indistinguible de la magia."
- Arthur C. Clarke

En una tranquila tarde del 30 noviembre de 2022, el mundo cambió silenciosamente. Sin fanfarrias ni grandes anuncios, la empresa OpenAI lanzó ChatGPT, y en cuestión de días, millones de personas experimentaron por primera vez una conversación fluida y aparentemente natural con una inteligencia artificial. Para muchos, fue un momento de asombro comparable a la primera vez que vieron Internet. Para otros, fue el inicio de una era de incertidumbre y preocupación sobre el futuro del trabajo y la creatividad humana.

Este momento marcó un punto de inflexión en nuestra relación con la tecnología. La IA dejó de ser un concepto abstracto del futuro para convertirse en una realidad tangible y accesible. Sin embargo, como toda tecnología transformadora, la IA viene envuelta en una mezcla de mitos, miedos y expectativas poco realistas que necesitamos desentrañar.

En este capítulo, nos sumergiremos en el estado actual de la inteligencia artificial, separando la realidad de la ficción, y más importante aún, entendiendo cómo esta tecnología está remodelando nuestro mundo de maneras tanto sutiles como profundas. No nos limitaremos a una explicación técnica; exploraremos el impacto real que está teniendo en nuestras vidas cotidianas, trabajos y relaciones.

Para comprender verdaderamente el escenario actual, necesitamos primero desmantelar algunos de los mitos más persistentes sobre la IA. No se trata de una superinteligencia consciente como la que vemos en las películas de ciencia ficción, ni tampoco de una simple herramienta programada para tareas específicas. La realidad es más matizada y, en muchos sentidos, más fascinante que cualquier ficción.

Desmontando el Mito de la IA Mágica

Cuando la mayoría de las personas piensa en inteligencia artificial, a menudo imagina algo similar a HAL 9000 o JARVIS: sistemas conscientes, con personalidad propia y una comprensión profunda del mundo. La realidad actual es bastante diferente. La IA que experimentamos hoy, por impresionante que sea, es fundamentalmente un sistema de reconocimiento de patrones extremadamente sofisticado, alimentado por vastas cantidades de datos y potenciado por algoritmos complejos.

Tomemos como ejemplo los modelos de lenguaje como GPT-4 o Claude. Cuando mantienen una conversación aparentemente natural con nosotros, no están "pensando" en el sentido humano. No tienen comprensión real del significado de las palabras que utilizan, ni consciencia de sí mismos. Lo que hacen, con una precisión asombrosa, es predecir qué secuencia de palabras tiene más sentido como respuesta basándose en los patrones que han aprendido de sus datos de entrenamiento.

Esta distinción es crucial por varias razones:
1. Limitaciones Reales- Comprender que la IA actual opera a través del reconocimiento de patrones nos ayuda a entender sus limitaciones:

    - No puede verdaderamente "entender" contextos emocionales complejos
    - No tiene experiencias reales en las que basar sus respuestas
    - No puede crear conocimiento genuinamente nuevo, solo recombinar información existente
    - No posee sentido común ni comprensión intuitiva del mundo físico

2. Capacidades Actuales- Sin embargo, sus capacidades reales son igualmente impresionantes:

    - Puede procesar y analizar cantidades masivas de información
    - Identifica patrones que podrían ser invisibles para el ojo humano
    - Genera contenido coherente y contextualmente apropiado
    - Puede realizar múltiples tareas con una precisión y velocidad sobrehumanas

3. **El Poder de la Especificidad**- La IA actual es más efectiva cuando se aplica a dominios específicos y bien definidos:

   - Diagnóstico médico basado en imágenes
   - Análisis de datos financieros
   - Optimización de procesos logísticos
   - Generación y edición de contenido multimedia

Esta comprensión más matizada de la IA nos permite aprovechar mejor sus capacidades reales mientras reconocemos sus limitaciones inherentes. No es magia, es tecnología avanzada con reglas y restricciones específicas.

El Impacto Real: Transformación Silenciosa

Mientras debatimos sobre escenarios futuristas de superinteligencias, la IA ya está transformando silenciosamente casi cada aspecto de nuestra vida cotidiana. Esta transformación no ocurre necesariamente de manera espectacular, sino a través de miles de pequeñas optimizaciones y mejoras que, en conjunto, están remodelando nuestra realidad.

Consideremos algunos ejemplos concretos:

1. **En el Campo de la Salud**- La transformación es particularmente evidente en el cuidado de la salud:
   - Algoritmos que detectan cáncer en imágenes médicas con una precisión que iguala o supera a los especialistas humanos
   - Sistemas de predicción que identifican pacientes en riesgo antes de que desarrollen síntomas críticos
   - Asistentes virtuales que ayudan a monitorear la salud mental y proporcionan apoyo inicial
   - Análisis de datos genómicos para medicina personalizada

Lo significativo no es solo la precisión de estos sistemas, sino cómo están democratizando el acceso a servicios médicos especializados en áreas remotas o desatendidas.

2. **En la Educación**- La IA está personalizando el aprendizaje de maneras antes inimaginables:

- Sistemas adaptativos que ajustan el contenido según el ritmo y estilo de aprendizaje de cada estudiante
- Tutores virtuales disponibles 24/7 para resolver dudas y proporcionar explicaciones personalizadas
- Herramientas de evaluación que proporcionan retroalimentación instantánea y detallada
- Análisis predictivo que identifica estudiantes en riesgo de abandono escolar

Esta personalización masiva del aprendizaje podría ser la clave para democratizar una educación de calidad a escala global.

3. En el Trabajo Cotidiano- La transformación más sutil pero quizás más profunda está ocurriendo en nuestras interacciones diarias con la tecnología:

- Asistentes virtuales que manejan tareas administrativas rutinarias
- Sistemas de recomendación que influyen en nuestras decisiones de consumo
- Algoritmos de optimización que planifican nuestras rutas y horarios
- Herramientas de productividad que aumentan significativamente nuestra eficiencia

Lo revolucionario no es la existencia de estas herramientas individuales, sino cómo su integración está creando un nuevo ecosistema de trabajo y vida cotidiana.

Oportunidades y Desafíos: El Doble Filo de la Revolución IA

La integración acelerada de la IA en nuestras vidas presenta tanto oportunidades extraordinarias como desafíos significativos que debemos abordar de manera proactiva. Comprender esta dualidad es esencial para navegar efectivamente el panorama actual.

Oportunidades Emergentes:

1. Democratización del Conocimiento- La IA está derribando barreras tradicionales de acceso al conocimiento:
   - Traducción instantánea que facilita el intercambio global de ideas
   - Herramientas de aprendizaje adaptativo que personalizan la educación
   - Acceso a "expertise" especializado a través de sistemas basados en IA
   - Democratización de herramientas creativas y profesionales
2. Innovación Acelerada- La IA está catalizando la innovación en múltiples campos:

   - Descubrimiento de nuevos materiales y medicamentos
   - Optimización de procesos industriales y logísticos
   - Desarrollo de soluciones para el cambio climático
   - Avances en investigación científica y desarrollo tecnológico

3. Empoderamiento Individual- Las herramientas de IA están amplificando las capacidades individuales:

   - Profesionales independientes compitiendo con grandes corporaciones
   - Creadores de contenido alcanzando audiencias globales
   - Emprendedores desarrollando productos innovadores
   - Investigadores realizando análisis complejos sin infraestructura costosa

Desafíos Críticos:

1. Brecha Digital Aumentada- La revolución de la IA podría exacerbar desigualdades existentes:

   - Acceso desigual a herramientas y recursos de IA
   - Disparidad en habilidades digitales y alfabetización tecnológica
   - Concentración de poder en grandes corporaciones tecnológicas
   - Exclusión de grupos vulnerables de las oportunidades digitales

2. Implicaciones Éticas- El uso generalizado de la IA plantea dilemas éticos significativos:

- Privacidad y protección de datos personales
- Sesgos algorítmicos y discriminación automatizada
- Transparencia y responsabilidad en decisiones automatizadas
- Impacto en la autonomía y el libre albedrío humano

Navegando el Presente: Estrategias para la Era de la IA

En este paisaje de rápida evolución, la pregunta no es si debemos adaptarnos a la IA, sino cómo podemos hacerlo de manera inteligente y ética. La clave está en desarrollar un enfoque equilibrado que maximice los beneficios mientras mitiga los riesgos.

Principios Fundamentales para la Adaptación:

1. Alfabetización en IA- Es crucial desarrollar una comprensión básica de:
   - Cómo funcionan los sistemas de IA
   - Sus capacidades y limitaciones reales
   - Los sesgos potenciales y cómo identificarlos
   - El impacto ético de su implementación

Esta alfabetización no requiere convertirse en experto en programación, sino desarrollar un entendimiento práctico que nos permita tomar decisiones informadas.

2. Complementariedad Estratégica- En lugar de ver la IA como competencia, debemos enfocarnos en la complementariedad:
   - Identificar áreas donde la IA puede amplificar nuestras capacidades
   - Desarrollar habilidades que se complementen con la automatización
   - Crear flujos de trabajo que integren lo mejor de humanos y máquinas
   - Mantener el control y criterio humano en decisiones críticas

3. Desarrollo de Resiliencia Digital- La adaptabilidad se convierte en una habilidad crítica:

- Mantener una mentalidad de aprendizaje continuo
- Desarrollar múltiples competencias digitales
- Estar preparado para la evolución constante de las herramientas
- Cultivar la flexibilidad cognitiva y emocional

Acciones Prácticas para el Presente:

1. Evaluación Personal
   - Identificar áreas donde la IA puede mejorar nuestro trabajo
   - Reconocer habilidades que necesitan desarrollo
   - Establecer límites saludables en el uso de la tecnología
   - Mantener un balance entre eficiencia y bienestar

2. Desarrollo Profesional

   - Invertir en habilidades complementarias a la IA
   - Experimentar con nuevas herramientas de manera consciente
   - Crear redes de aprendizaje y colaboración
   - Mantenerse informado sobre tendencias emergentes

El Arte de la Adaptación Consciente

Mientras nos adentramos más profundamente en la era de la IA, queda claro que nos encontramos en un momento decisivo de la historia humana. La inteligencia artificial no es solo otra herramienta tecnológica; es un catalizador de transformación fundamental que está redefiniendo cómo vivimos, trabajamos y nos relacionamos.

La Nueva Realidad:

La desmitificación de la IA nos revela una verdad fundamental: esta tecnología no es ni el utópico salvador ni el distópico destructor que algunos imaginan. Es una herramienta poderosa cuyo impacto dependerá de cómo decidamos utilizarla y moldearla. Los próximos años serán críticos en determinar cómo esta tecnología se integra en el tejido de nuestra sociedad.
Consideraciones Clave para el Futuro Inmediato:

1. Equilibrio y Propósito

   - Mantener la humanidad en el centro de la innovación tecnológica

- Usar la IA como amplificador de capacidades, no como reemplazo
- Priorizar el bienestar humano en el desarrollo tecnológico
- Fomentar una cultura de innovación responsable

2. Responsabilidad Colectiva

- Participar activamente en discusiones sobre ética y regulación
- Promover la transparencia en el desarrollo de la IA
- Contribuir a la democratización del conocimiento digital
- Apoyar iniciativas que reduzcan la brecha digital

3. Desarrollo Personal Continuo

- Cultivar la curiosidad y la adaptabilidad
- Mantener un enfoque crítico y evaluativo
- Desarrollar habilidades que trascienden la automatización
- Buscar oportunidades de crecimiento en la intersección humano-máquina

El camino a seguir:

La verdadera oportunidad no está en resistir o temer a la IA, sino en aprender a bailar con ella, en encontrar el ritmo adecuado entre la eficiencia tecnológica y la sabiduría humana. Este es el momento de ser proactivos en dar forma a nuestro futuro digital, de asegurarnos que la tecnología sirva a nuestros valores y aspiraciones más elevados.

Como híbridos digitales emergentes, tenemos la responsabilidad y la oportunidad de ser arquitectos conscientes de esta nueva era. El futuro no está predeterminado; se está escribiendo en las decisiones que tomamos hoy, en cómo elegimos integrar estas poderosas herramientas en nuestras vidas y sociedades.

La IA está aquí para quedarse. La pregunta ya no es si debemos adaptarnos, sino cómo podemos hacerlo de manera que enriquezca nuestra humanidad en lugar de disminuirla. El verdadero desafío y la verdadera oportunidad están en encontrar ese equilibrio perfecto entre el potencial tecnológico y la sabiduría humana.

❖ ❖ ❖

Capítulo III
La Paradoja del Progreso

"La tecnología es mejor cuando une a las personas."
- Matt Mullenweg

Imagina por un momento que pudieras viajar en el tiempo y mostrarle a alguien de hace apenas 20 años todas las capacidades tecnológicas que tienes hoy en tu bolsillo: acceso instantáneo a prácticamente todo el conocimiento humano, comunicación en tiempo real con cualquier parte del mundo, la capacidad de crear y editar contenido profesional, e incluso interactuar con inteligencias artificiales. Para ellos, parecerías poseer poderes casi mágicos.

Sin embargo, aquí yace la primera paradoja: a pesar de tener acceso a más información y capacidades que nunca en la historia de la humanidad, muchas personas reportan sentirse más abrumadas, menos productivas y menos satisfechas. Mientras la tecnología avanza exponencialmente, nuestra capacidad para adaptarnos y encontrar significado parece seguir un ritmo mucho más lineal.

Esta es la paradoja central de nuestro tiempo: el progreso tecnológico, diseñado para hacer nuestras vidas más fáciles y mejores, frecuentemente parece complicarlas y crear nuevos desafíos. Para entender esta paradoja y, más importante aún, aprender a navegarla efectivamente, necesitamos examinar las múltiples capas de tensión que existen entre el progreso tecnológico y la experiencia humana.

En este capítulo, exploraremos las contradicciones fundamentales que emergen cuando el cambio exponencial se encuentra con la naturaleza humana, y cómo podemos transformar estas aparentes contradicciones en oportunidades de crecimiento y evolución consciente.

Las Contradicciones Fundamentales

En el corazón de la paradoja del progreso yacen contradicciones que definen nuestra época digital. Estas tensiones no son meros inconvenientes temporales, sino características inherentes de la transformación que estamos experimentando, manifestándose en cada aspecto de nuestras vidas cotidianas. La segunda y quizás más profunda de estas contradicciones es la paradoja de la conectividad. Nos encontramos en un momento histórico único donde la tecnología nos permite estar constantemente conectados con cientos, incluso miles de personas alrededor del mundo. Compartimos momentos de nuestras vidas en tiempo real, sabemos instantáneamente qué están haciendo nuestros conocidos, y podemos comunicarnos con prácticamente cualquier persona en cualquier momento. Sin embargo, en medio de esta hiperconectividad, una epidemia silenciosa de soledad se extiende por las sociedades modernas.

Esta soledad en medio de la conexión digital refleja una verdad incómoda sobre la naturaleza de nuestras interacciones modernas. Mientras acumulamos seguidores y amigos virtuales, las conexiones profundas y significativas se vuelven cada vez más escasas. Es como si hubiéramos construido una vastísima red de conexiones superficiales a expensas de los vínculos profundos que son los que verdaderamente nutren el espíritu humano.

Igualmente, paradójica es nuestra relación con la información. Vivimos inmersos en un océano de datos, con acceso instantáneo a prácticamente todo el conocimiento acumulado por la humanidad. Esta abundancia de información, que debería llevarnos a una era de iluminación sin precedentes, frecuentemente resulta en lo opuesto: una especie de parálisis cognitiva. Como navegantes sin brújula en un mar infinito de datos, nos encontramos abrumados por las opciones, distraídos por el constante flujo de información, y curiosamente menos capaces de alcanzar la sabiduría que tradicionalmente asociamos con el conocimiento.

Esta saturación informativa ha transformado fundamentalmente nuestra forma de pensar y procesar el mundo. Nuestras mentes, evolutivamente diseñadas para un entorno de escasez informativa, luchan por adaptarse a esta nueva realidad de abundancia extrema. El resultado es una forma de pensamiento más superficial pero más ágil, capaz de procesar grandes cantidades de información rápidamente, pero a menudo a expensas de la profundidad y la contemplación reflexiva.

La Ilusión de la Productividad

La tercera gran paradoja de nuestra era digital se manifiesta en nuestra relación con el tiempo y la productividad. Hemos creado herramientas increíblemente sofisticadas diseñadas para optimizar cada aspecto de nuestras vidas. Aplicaciones que prometen hacernos más eficientes, sistemas que automatizan tareas rutinarias, y tecnologías que supuestamente nos liberarían para enfocarnos en lo verdaderamente importante. Sin embargo, la realidad que experimentamos es radicalmente diferente.

En lugar de sentirnos más libres y productivos, muchos nos encontramos atrapados en una espiral interminable de ocupación. Las fronteras entre trabajo y descanso se han difuminado hasta casi desaparecer. Los correos electrónicos nos siguen a todas partes, las notificaciones interrumpen constantemente nuestros momentos de concentración, y la presión por estar siempre disponibles y enterados de todo, ha creado una nueva forma de esclavitud digital.

Es como si hubiéramos construido una máquina perfecta de perpetua actividad, donde la eficiencia se mide en cantidad de tareas completadas más que en el valor real creado. Esta cultura de la "ocupación perpetua" ha dado lugar a un fenómeno curioso: estamos haciendo más que nunca, pero frecuentemente sentimos que logramos menos. El trabajo profundo, ese estado de concentración intensa donde nace la verdadera creatividad e innovación, se ha convertido en un lujo escaso.

La tecnología que prometía liberarnos ha creado, paradójicamente, nuevas formas de cautiverio. Cada herramienta que adopta para "ahorrar tiempo" parece generar nuevas demandas sobre ese tiempo supuestamente ahorrado. Es como si estuviéramos corriendo cada vez más rápido solo para mantenernos en el mismo lugar, atrapados en una versión moderna de la paradoja de Zenón, donde más velocidad no necesariamente significa más progreso.

Esta contradicción se manifiesta de manera especialmente aguda en nuestros espacios de trabajo, donde la promesa de la automatización choca con la realidad de una complejidad aumentada. Las herramientas que deberían simplificar nuestras tareas a menudo añaden capas adicionales de complejidad, requiriendo tiempo y energía para aprender, mantener y gestionar. El resultado es una forma peculiar de sobrecarga cognitiva, donde la administración de nuestras herramientas de productividad se convierte en sí misma en una tarea que consume productividad.

El Costo Humano del Progreso

Mientras navegamos estas paradojas de la era digital, emerge un patrón más profundo y preocupante: el impacto que este ritmo acelerado de cambio está teniendo en nuestro bienestar psicológico y emocional. La promesa del progreso tecnológico era hacernos la vida más fácil, pero en muchos aspectos, la ha hecho más complicada y emocionalmente desafiante.
El cerebro humano, producto de millones de años de evolución, no está naturalmente equipado para procesar el nivel de estímulos y cambios que experimentamos diariamente. Nuestros sistemas de respuesta al estrés, diseñados para amenazas físicas inmediatas, ahora se activan constantemente por correos electrónicos urgentes, actualizaciones de estado y fechas límite perpetuas. Esta activación constante de nuestros mecanismos de supervivencia está creando una nueva forma de agotamiento mental que apenas comenzamos a comprender.

La ansiedad digital se ha convertido en una compañera constante para muchos. El miedo a perderse de algo importante ya no es solo un fenómeno social, sino una fuente genuina de estrés que afecta nuestras decisiones y comportamientos diarios. Nos encontramos en un estado perpetuo de alerta parcial, nunca completamente presentes en el momento, siempre anticipando la próxima notificación, el próximo correo, la próxima actualización.

Este estado de vigilancia constante está erosionando nuestra capacidad para experiencias humanas fundamentales. La contemplación tranquila, la conversación profunda, el aburrimiento productivo - estos espacios vitales para la creatividad y el bienestar emocional se están volviendo cada vez más raros. Es como si, en nuestra búsqueda de optimización y eficiencia, hubiéramos comenzado a optimizar involuntariamente la humanidad fuera de nuestras vidas.

La ironía es que mientras más herramientas desarrollamos para mantenernos conectados y productivos, más nos alejamos de las experiencias que dan significado y profundidad a nuestras vidas. Las conversaciones cara a cara son reemplazadas por intercambios de mensajes, las experiencias directas son mediadas a través de pantallas, y los momentos de genuina conexión humana se vuelven cada vez más escasos.

Y sin embargo, en medio de esta aparente crisis de la experiencia humana, hay señales de esperanza y adaptación. Como especie, siempre hemos demostrado una notable capacidad para adaptarnos y evolucionar en respuesta a nuevos desafíos.

Hacia una Adaptación Consciente

En medio de estas paradojas y desafíos, está emergiendo un nuevo paradigma de adaptación consciente. No se trata de rechazar el progreso tecnológico ni de abrazarlo ciegamente, sino de encontrar un camino intermedio que nos permita aprovechar sus beneficios mientras preservamos nuestra esencia humana.

Este nuevo enfoque comienza con el reconocimiento de que la tecnología no es inherentemente buena ni mala; es una herramienta cuyo impacto depende fundamentalmente de cómo elegimos utilizarla. La clave está en desarrollar una relación más intencional y consciente con nuestras herramientas digitales, una que priorice nuestro bienestar y desarrollo humano por encima de la mera eficiencia.

Estamos viendo señales de esta adaptación consciente en diferentes ámbitos. Profesionales que establecen límites claros entre su vida digital y analógica, empresas que implementan políticas de "desconexión digital", familias que crean espacios libres de tecnología para fomentar la conexión familiar genuina. Estos no son actos de resistencia al progreso, sino ejemplos de una evolución más madura en nuestra relación con la tecnología.

El mindfulness digital está emergiendo como una práctica esencial para navegar este nuevo paisaje. No se trata simplemente de reducir el tiempo frente a las pantallas, sino de ser más conscientes de cómo y por qué utilizamos la tecnología. Implica hacer preguntas fundamentales: ¿Esta herramienta está verdaderamente mejorando mi vida? ¿Estoy utilizando la tecnología, o ella me está utilizando a mí? ¿Cómo puedo mantener mi autonomía y agencia en un mundo cada vez más automatizado?

Esta evolución en nuestra relación con la tecnología también está revelando nuevas formas de resistencia humana. Frente a la estandarización y automatización, vemos un renovado aprecio por lo artesanal, lo imperfecto, lo genuinamente humano. Paradójicamente, mientras más avanza la tecnología, más valor parecemos dar a aquellas experiencias y creaciones que llevan la marca inconfundible de la mano y el corazón humano.

La verdadera adaptación, por lo tanto, no consiste en transformarnos en seres más parecidos a las máquinas, sino en volvernos más conscientemente humanos. Se trata de utilizar la tecnología como un amplificador de nuestra humanidad, no como un sustituto de ella.

Reconciliando el Progreso con la Humanidad

En última instancia, la paradoja del progreso nos presenta tanto un desafío como una oportunidad única. El desafío está en mantener nuestra humanidad en medio de la aceleración tecnológica; la oportunidad está en utilizar esta transformación como un catalizador para una evolución más consciente de nuestra especie.

El camino hacia adelante requiere un nuevo tipo de sabiduría, una que combine el entendimiento tecnológico con una profunda comprensión de la naturaleza humana. No se trata de elegir entre ser más humanos o más tecnológicos, sino de encontrar formas de ser ambos de manera más consciente y equilibrada. Esta reconciliación se manifiesta en varios principios fundamentales:

Primero, la necesidad de mantener espacios sagrados para la experiencia humana pura. En un mundo cada vez más mediado por la tecnología, debemos proteger y cultivar activamente aquellos momentos y lugares donde podemos ser simplemente humanos: en la conexión directa con otros, en la contemplación silenciosa, en la experiencia directa de la naturaleza.

Segundo, la importancia de desarrollar una nueva forma de alfabetización que nos permita no solo usar la tecnología, sino entender profundamente cómo está transformando nuestra experiencia del mundo. Esta comprensión nos permite mantener nuestra agencia y autonomía en medio del cambio acelerado.

Tercero, el reconocimiento de que el verdadero progreso debe medirse no solo en términos de capacidades tecnológicas, sino también en términos de bienestar humano. Un avance que aumenta la eficiencia, pero disminuye nuestra capacidad para la conexión significativa no es un progreso real.

La paradoja del progreso vista correctamente, no es un problema a resolver, sino un campo de tensión creativa que puede impulsar nuestra evolución como especie. Es en la navegación consciente de estas aparentes contradicciones donde podemos encontrar nuevas formas de ser humanos en la era digital.

El futuro no pertenece a aquellos que simplemente adoptan cada nueva tecnología, ni a quienes la rechazan por completo, sino a aquellos que aprenden a mantener su humanidad mientras navegan la marea del cambio tecnológico. Esta es la verdadera resolución de la paradoja del progreso: no en su eliminación, sino en nuestra capacidad para habitarla con gracia y sabiduría.

◆ ◆ ◆

Parte II
Aumentando el Potencial

Capítulo IV
Tu Cerebro 2.0

"En el siglo XXI, el analfabeto no será quien no pueda leer y escribir, sino quien no pueda aprender, desaprender y reaprender."
- *Alvin Tuffler*

Imagina por un momento que estás sentado en un café. En una mano sostienes tu teléfono inteligente mientras revisas tus correos electrónicos, en la otra mano una taza de café mientras escuchas una conversación en la mesa de al lado, y en tu mente procesas la música de fondo mientras piensas en tu próxima reunión. Sin darte cuenta, tu cerebro está realizando una hazaña extraordinaria de procesamiento múltiple que habría sido inimaginable para nuestros antepasados.

Este escenario cotidiano ilustra una verdad fascinante: tu cerebro está evolucionando. No en el sentido biológico tradicional -la estructura física de nuestros cerebros sigue siendo esencialmente la misma que la de nuestros ancestros- sino en la forma en que procesa, almacena y utiliza la información. Estamos presenciando y experimentando una reorganización neural sin precedentes, impulsada por nuestra interacción constante con la tecnología digital.

Esta transformación no es opcional ni reversible. Al igual que el cerebro de nuestros antepasados se adaptó para procesar el lenguaje escrito cuando se inventó la escritura, nuestros cerebros están desarrollando nuevas capacidades y patrones de pensamiento para navegar el paisaje digital. La diferencia crucial es la velocidad: lo que antes tomaba generaciones ahora ocurre en años, incluso meses.

Comprender esta transformación no es simplemente un ejercicio académico; es la clave para tomar el control consciente de nuestra evolución cognitiva. En este capítulo, exploraremos cómo tu cerebro se está adaptando a la era digital y, más importante aún, cómo puedes dirigir activamente esta adaptación para potenciar tus capacidades mientras preservas tu bienestar mental.

El Cerebro Adaptativo

Cuando Marie, una escritora de 35 años, se dio cuenta de que ya no podía concentrarse en leer un libro durante más de veinte minutos, su primera reacción fue de pánico. "Mi cerebro está roto", pensó. Lo que Marie estaba experimentando, sin embargo, no era una disfunción, sino una adaptación. Su cerebro se había reconfigurado para procesar información en el formato predominante de la era digital: rápido, fragmentado y multitarea.

Esta historia ilustra un fenómeno que muchos estamos experimentando: nuestros cerebros están desarrollando nuevas fortalezas mientras parecen perder otras capacidades tradicionales. Es como si estuviéramos actualizando nuestro sistema operativo neural, pero este proceso viene con sus propios desafíos y oportunidades.

La neuroplasticidad, la capacidad de nuestro cerebro para reorganizarse y crear nuevas conexiones está en el centro de esta transformación. Cada vez que interactuamos con una nueva aplicación, navegamos por redes sociales o alternamos entre múltiples pantallas, estamos esculpiendo literalmente nuevos patrones neurales. Es fascinante y a la vez preocupante: estamos siendo tanto los arquitectos como los sujetos de prueba de esta evolución cognitiva.

Los cambios que observamos son profundos y multifacéticos:

Nuestros filtros de atención se han vuelto más sofisticados, permitiéndonos procesar múltiples flujos de información simultáneamente. Es como si hubiéramos desarrollado un sistema de clasificación mental más ágil, capaz de determinar rápidamente qué merece nuestra atención y qué puede ser ignorado. Sin embargo, este mismo sistema puede hacernos más susceptibles a las distracciones cuando necesitamos enfocarnos profundamente en una sola tarea.

Nuestra memoria está evolucionando del proceso de recordar información específica al proceso de recordar cómo y dónde encontrar esa información. Es un cambio sutil pero significativo, similar a la diferencia entre memorizar un mapa y aprender a usar un GPS. No es que estemos perdiendo la capacidad de memorizar; estamos desarrollando un sistema más eficiente para navegar el vasto océano de información disponible.

Arquitectos de Nuestro Propio Cerebro

La verdadera revolución no está solo en estos cambios, sino en nuestra capacidad para dirigirlos conscientemente. A diferencia de nuestros antepasados, que se adaptaban pasivamente a los cambios en su entorno, nosotros tenemos la oportunidad única de ser los arquitectos activos de nuestra evolución cognitiva.

El doctor Michael Merzenich, pionero en el campo de la neuroplasticidad, lo describe como una "danza entre el cerebro y el entorno". En esta danza digital, cada clic, cada interacción, cada hábito tecnológico está moldeando nuestros circuitos neurales. La buena noticia es que podemos aprender los pasos de este baile y dirigirlo hacia dónde queremos ir.

Consideremos el caso de David, un desarrollador de software que notó que su capacidad de concentración profunda se estaba deteriorando. En lugar de resignarse a este cambio, decidió tomar el control. Comenzó a practicar lo que él llama "gimnasia cerebral digital": períodos deliberados de concentración profunda alternados con momentos de procesamiento multitarea. En seis meses, no solo recuperó su capacidad de concentración, sino que desarrolló la habilidad de alternar eficientemente entre diferentes modos de pensamiento. Esta capacidad de entrenar conscientemente nuestro cerebro se extiende más allá de la atención. Podemos desarrollar nuevas habilidades cognitivas mientras preservamos las tradicionales. Es como ser un atleta que combina diferentes disciplinas para lograr un rendimiento óptimo.

La clave está en entender que nuestro cerebro responde a patrones de uso. Si pasamos todo nuestro tiempo en procesamiento superficial y multitarea, eso es lo que nuestro cerebro optimizará. Por otro lado, si creamos deliberadamente espacios para diferentes tipos de pensamiento y procesamiento mental, podemos desarrollar un conjunto más completo de capacidades cognitivas.

Este entendimiento nos lleva a una conclusión emocionante: no estamos a merced de la tecnología. Podemos usar las mismas herramientas que están cambiando nuestros cerebros para fortalecerlos. Las aplicaciones de mindfulness, los juegos de entrenamiento cognitivo, las plataformas de aprendizaje adaptativo - todas estas pueden ser aliadas en nuestro desarrollo neural si las utilizamos con intención y consciencia.

El Precio de la Adaptación Digital

Mientras nuestros cerebros desarrollan nuevas capacidades para navegar el mundo digital, es crucial reconocer que toda adaptación tiene un costo. Al igual que un atleta que desarrolla ciertos músculos para su deporte específico, nuestras adaptaciones digitales están fortaleciendo ciertas capacidades mientras potencialmente debilitando otras.

Sarah, una profesora universitaria de 42 años, lo descubrió de una manera reveladora. "Puedo manejar simultáneamente veinte ventanas abiertas en mi navegador, responder correos mientras escucho un podcast, y mantener conversaciones en tres plataformas diferentes", explica. "Pero cuando intento sentarme a escribir un artículo académico, mi mente parece resistirse a la inmersión profunda que solía ser natural para mí."

Esta experiencia refleja uno de los desafíos más significativos de la adaptación digital: el debilitamiento de nuestra capacidad para la atención sostenida y el pensamiento profundo. Nicholas Carr, en su influyente obra, lo describe como una transformación de "buceadores profundos" a "surfistas superficiales" en el océano de la información.

Pero el impacto va más allá de nuestra capacidad de atención. Los investigadores han comenzado a observar cambios en cómo procesamos las emociones y la empatía. La comunicación mediada por pantallas, aunque eficiente, puede estar atrofiando nuestra capacidad para leer señales sociales sutiles y conectar emocionalmente con otros de manera profunda.

El doctor James Williams, experto en economía de la atención, advierte sobre otro costo oculto: la fragmentación de nuestra voluntad. Cuando nuestros cerebros se adaptan a responder constantemente a estímulos externos (notificaciones, correos, actualizaciones), podemos perder la capacidad de mantener y perseguir objetivos a largo plazo que requieren concentración sostenida y resistencia a las distracciones.

Sin embargo, reconocer estos costos no significa que debamos rechazar la adaptación digital. En cambio, necesitamos desarrollar estrategias conscientes para mitigar estos efectos negativos mientras aprovechamos los beneficios de nuestras nuevas capacidades cognitivas. Es como aprender a mantener un equilibrio nutricional en una era de abundancia alimentaria.

Estrategias para un Cerebro Híbrido Saludable

La solución no está en resistir el cambio ni en entregarnos completamente a él, sino en desarrollar lo que podríamos llamar un "cerebro híbrido saludable" - uno que pueda moverse fluidamente entre diferentes modos de pensamiento y procesamiento según lo requiera la situación.

Consideremos el caso de Elena, una arquitecta que desarrolló un sistema personal que ella llama "zonificación mental". Durante las mañanas, cuando su energía creativa está en su punto máximo, desactiva todas las notificaciones y se sumerge en el trabajo de diseño profundo. Las tardes las dedica a tareas que requieren procesamiento rápido y multitarea, como responder correos y coordinar con su equipo. "Es como tener diferentes espacios mentales", explica, "cada uno con su propio propósito y reglas de funcionamiento." Esta aproximación consciente a nuestro funcionamiento cognitivo puede materializarse en varias estrategias prácticas:

Los "períodos de desintoxicación digital" se han convertido en una necesidad, no un lujo. Similar a cómo el sueño permite que nuestro cerebro se repare y consolide memorias, estos períodos permiten que nuestros circuitos de atención se recuperen y fortalezcan. No se trata de desconectarse completamente, sino de crear ritmos saludables de conexión y desconexión.

El entrenamiento en "cambio de contexto consciente" es otra habilidad crucial. En lugar de permitir que nuestro cerebro salte compulsivamente entre tareas, podemos aprender a hacer transiciones deliberadas y efectivas. Como un piloto que verifica su lista antes de cambiar de modo de vuelo, podemos desarrollar rituales que señalen a nuestro cerebro que estamos cambiando de un tipo de procesamiento mental a otro.

La "gimnasia cognitiva balanceada" implica practicar regularmente diferentes tipos de pensamiento y procesamiento mental. Esto puede incluir períodos de lectura profunda, ejercicios de memorización, actividades creativas sin tecnología, y prácticas de mindfulness digital. El objetivo es mantener la flexibilidad cognitiva mientras fortalecemos capacidades específicas.

El Futuro de Tu Cerebro Digital

Mientras nos adentramos más profundamente en la era digital, la capacidad de gestionar y optimizar nuestro funcionamiento cognitivo se convertirá en una habilidad cada vez más crucial. No se trata solo de adaptarse; se trata de evolucionar conscientemente en la dirección que elegimos.

Los expertos en neurociencia cognitiva predicen que, en las próximas décadas, la interfaz entre nuestros cerebros y la tecnología se volverá aún más íntima. Ya estamos viendo los primeros indicios de esta fusión con el desarrollo de interfaces cerebro-computadora y tecnologías de realidad aumentada. En este contexto, desarrollar un "cerebro 2.0" no es solo una metáfora, sino una necesidad práctica para nuestro futuro próximo.

La buena noticia es que nuestro cerebro está notablemente bien equipado para este desafío. La misma plasticidad que nos permite adaptarnos a los cambios tecnológicos también nos permite dirigir conscientemente esta adaptación. Es como tener un superpoder que apenas estamos aprendiendo a controlar.

Las lecciones clave para avanzar son claras:

Primero, debemos aceptar que nuestro cerebro está cambiando y que esto no es inherentemente bueno ni malo - es simplemente la realidad de nuestra época. Lo importante es tomar un papel activo en dirigir estos cambios.

Segundo, necesitamos desarrollar una relación más consciente con nuestra tecnología. Esto significa entender cómo diferentes herramientas y patrones de uso afectan nuestro funcionamiento cognitivo y emocional.

Finalmente, debemos recordar que el objetivo no es convertirnos en máquinas más eficientes, sino en seres humanos más capaces. La tecnología debe servir a nuestro desarrollo humano, no al revés.

Tu cerebro 2.0 no es una versión disminuida ni aumentada de tu cerebro original - es una evolución adaptativa que refleja las demandas y oportunidades de nuestra era. Al comprender y dirigir conscientemente esta evolución, podemos crear una versión de nosotros mismos que sea tanto más capaz como más humana.

❖ ❖ ❖

Capítulo V
Inteligencia Simbiótica

"La pregunta ya no es si las máquinas pueden pensar, sino cómo podemos pensar mejor junto a ellas."

- Daniel Pink

En un tranquilo laboratorio de investigación médica, una oncóloga revisa imágenes de resonancia magnética junto a un sistema de IA. La máquina identifica patrones potencialmente cancerosos en segundos, mientras la doctora aporta su experiencia clínica, intuición y comprensión holística del paciente. No están compitiendo; están colaborando. Esta es la inteligencia simbiótica en acción.

La palabra "simbiosis" proviene del griego y significa "vivir juntos". En la naturaleza, la simbiosis ocurre cuando diferentes organismos desarrollan relaciones mutuamente beneficiosas. Las abejas polinizan las flores mientras recolectan néctar; las anémonas proporcionan hogar a los peces payaso mientras estos las protegen. Ahora, estamos presenciando el nacimiento de una nueva forma de simbiosis: la colaboración entre la inteligencia humana y la artificial.

Esta simbiosis no es una simple división de tareas entre humanos y máquinas. Es una forma completamente nueva de pensar y resolver problemas, donde las fortalezas únicas de cada tipo de inteligencia se amplifican mutuamente. Es como una danza donde cada participante no solo complementa al otro, sino que juntos crean algo que ninguno podría lograr por separado.

La clave para entender esta nueva relación está en reconocer que la IA no está aquí para reemplazarnos, sino para expandir nuestras capacidades. Al igual que un telescopio amplía nuestra visión o un automóvil expande nuestra movilidad, la IA puede amplificar nuestras capacidades cognitivas de maneras que apenas comenzamos a comprender.

El Arte de la Colaboración Aumentada

Imagine a Miguel, un diseñador gráfico que inicialmente temía que las herramientas de IA como DALL-E o Midjourney harían obsoleta su profesión. Sin embargo, después de meses de experimentación, descubrió algo sorprendente: la IA no estaba reemplazando su creatividad, sino liberándola. "Ahora puedo explorar docenas de direcciones creativas en minutos, algo que antes me tomaría días", explica. "La IA maneja los aspectos técnicos básicos, permitiéndome concentrarme en la visión creativa y la narrativa emocional que ninguna máquina puede replicar."

Esta experiencia ilustra un principio fundamental de la inteligencia simbiótica: no se trata de humanos versus máquinas, sino de humanos más máquinas. Es una multiplicación de capacidades, no una división de tareas.

La simbiosis efectiva se basa en comprender y aprovechar las fortalezas únicas de cada parte. La IA es excelente en:

- Procesar vastas cantidades de datos
- Identificar patrones complejos
- Realizar cálculos y análisis rápidos
- Generar variaciones y posibilidades

Mientras que los humanos destacamos en:

- Pensamiento contextual y holístico
- Juicio ético y toma de decisiones complejas
- Creatividad original y pensamiento lateral
- Inteligencia emocional y empatía

Cuando estas capacidades se combinan de manera inteligente, crean una sinergia que transforma fundamentalmente cómo abordamos los problemas y creamos soluciones. Es como si hubiéramos añadido un nuevo lóbulo a nuestro cerebro, uno que amplifica nuestras capacidades naturales en lugar de reemplazarlas.

La doctora Sarah Collins, neurocientífica y experta en interfaces humano-IA, lo describe así: "Estamos presenciando el nacimiento de una nueva forma de cognición híbrida. No es solo que tengamos acceso a herramientas más poderosas; estamos desarrollando nuevas formas de pensar que solo son posibles a través de esta colaboración."

El Arte de la Colaboración Aumentada

Imagine a Miguel, un diseñador gráfico que inicialmente temía que las herramientas de IA como DALL-E o Midjourney harían obsoleta su profesión. Sin embargo, después de meses de experimentación, descubrió algo sorprendente: la IA no estaba reemplazando su creatividad, sino liberándola. "Ahora puedo explorar docenas de direcciones creativas en minutos, algo que antes me tomaría días", explica. "La IA maneja los aspectos técnicos básicos, permitiéndome concentrarme en la visión creativa y la narrativa emocional que ninguna máquina puede replicar."

Esta experiencia ilustra un principio fundamental de la inteligencia simbiótica: no se trata de humanos versus máquinas, sino de humanos más máquinas. Es una multiplicación de capacidades, no una división de tareas. La verdadera magia ocurre en la intersección, donde las capacidades humanas y artificiales se entrelazan de maneras antes inimaginables.

La simbiosis efectiva se basa en comprender y aprovechar las fortalezas únicas de cada parte. La IA excele en procesar vastas cantidades de datos, identificar patrones complejos, realizar cálculos y análisis rápidos, y generar variaciones y posibilidades. Mientras que los humanos destacamos en el pensamiento contextual y holístico, el juicio ético y la toma de decisiones complejas, la creatividad original y el pensamiento lateral, así como la inteligencia emocional y la empatía.

Consideremos el caso de Laura, una investigadora médica que utiliza sistemas de IA para analizar miles de artículos científicos y datos de pacientes. "La IA puede procesar más información en un día de lo que yo podría en años", señala, "pero mi papel es más crucial que nunca. Soy quien formula las preguntas correctas, interpreta los resultados en contexto, y entiende las implicaciones éticas y humanas de cada descubrimiento."

La doctora Sarah Collins, neurocientífica y experta en interfaces humano-IA, lo describe así: "Estamos presenciando el nacimiento de una nueva forma de cognición híbrida. No es solo que tengamos acceso a herramientas más poderosas; estamos desarrollando nuevas formas de pensar que solo son posibles a través de esta colaboración. Es como si hubiéramos descubierto un nuevo instrumento musical que no solo nos permite tocar melodías existentes más rápido, sino crear tipos completamente nuevos de música."

Esta analogía musical es particularmente apropiada. Al igual que un músico debe practicar con su instrumento hasta que se convierte en una extensión natural de su expresión artística, debemos aprender a integrar las herramientas de IA en nuestros procesos creativos y cognitivos hasta que la colaboración se vuelva fluida y natural.

La Danza del Aprendizaje Mutuo

La inteligencia simbiótica no es un estado fijo, sino un proceso dinámico de evolución constante. A medida que los sistemas de IA aprenden de nuestras interacciones, nosotros también aprendemos nuevas formas de pensar y resolver problemas. Es una danza de adaptación mutua donde cada paso nos lleva hacia nuevas posibilidades.

Ana, una escritora técnica, describe su experiencia con los modelos de lenguaje avanzados: "Al principio, usaba la IA simplemente para corregir gramática y estilo. Pero con el tiempo, comencé a notar cómo la manera en que la IA estructuraba la información influía en mi propio proceso de pensamiento. Ahora, incluso cuando escribo sin asistencia, mi mente organiza naturalmente las ideas de forma más clara y sistemática."

Este fenómeno de influencia mutua se está observando en diversos campos. Los jugadores de ajedrez que entrenan con IA no solo mejoran sus habilidades tácticas, sino que desarrollan nuevas formas de pensamiento estratégico que nunca habían sido consideradas en los miles de años de historia del juego. Los médicos que trabajan con sistemas de diagnóstico basados en IA reportan una mejora en su capacidad para reconocer patrones sutiles en los síntomas de los pacientes.

La clave de esta evolución conjunta está en mantener un equilibrio delicado entre la confianza en la tecnología y el pensamiento crítico independiente. Como explica el Dr. James Chen, experto en educación tecnológica: "No queremos convertirnos en dependientes pasivos de la IA, pero tampoco debemos resistirnos a aprender de ella. El objetivo es desarrollar una relación simbiótica donde cada parte hace lo que hace mejor, mientras aprende y evoluciona constantemente."

Este proceso de aprendizaje mutuo está creando nuevos patrones de pensamiento híbrido:

- La capacidad de alternar fluidamente entre el pensamiento analítico y el intuitivo
- La habilidad de procesar información en múltiples niveles simultáneamente
- Una comprensión más profunda de cómo diferentes perspectivas pueden complementarse
- Un nuevo tipo de creatividad que combina la originalidad humana con la capacidad de procesamiento de la IA

Navegando los Desafíos de la Simbiosis

Como toda relación significativa, la simbiosis entre humanos e IA presenta sus propios desafíos y áreas de tensión. La pregunta no es si encontraremos obstáculos, sino cómo los navegaremos de manera que fortalezcan en lugar de debilitar esta colaboración emergente.

El caso de Roberto, un analista financiero senior, ilustra uno de los desafíos más comunes. "Me di cuenta de que estaba comenzando a depender demasiado de los modelos predictivos de IA", confiesa. "Cuando el sistema fallaba en detectar anomalías sutiles que mi intuición me decía que eran importantes, me encontraba dudando de mi propio juicio." Su experiencia resalta la importancia de mantener un equilibrio entre la confianza en la tecnología y la valoración de nuestra propia experiencia e intuición.

Esta tensión entre la eficiencia algorítmica y el juicio humano se manifiesta en múltiples niveles. Los educadores luchan con la pregunta de cuánto conocimiento fundamental deben retener los estudiantes cuando tienen acceso instantáneo a información a través de la IA. Los médicos debaten sobre el equilibrio adecuado entre el diagnóstico automatizado y la evaluación clínica personal.

La Dra. Elena Martínez, psicóloga especializada en interacciones humano-máquina, identifica tres desafíos críticos en esta relación simbiótica:
El primero es la "erosión de la confianza en las capacidades propias". Cuando las máquinas pueden realizar ciertas tareas mejor que nosotros, es fácil caer en la trampa de subestimar nuestras propias habilidades únicas y esenciales.

El segundo es el "sesgo de automatización", donde tendemos a aceptar las sugerencias de la IA sin el escrutinio adecuado, simplemente porque provienen de un sistema aparentemente objetivo y preciso.

El tercero es la "atrofia de habilidades fundamentales", donde la dependencia excesiva de la tecnología puede llevar a la pérdida de capacidades básicas importantes que podrían ser cruciales en situaciones donde la tecnología no está disponible o falla.

Construyendo una Simbiosis Saludable

La clave para desarrollar una relación saludable con la IA no está en resistir su influencia ni en someternos ciegamente a ella, sino en cultivar lo que podríamos llamar una "autonomía aumentada" - la capacidad de utilizar la tecnología mientras mantenemos nuestra independencia de pensamiento y juicio.

María, una arquitecta que ha integrado exitosamente herramientas de IA en su práctica, comparte su enfoque: "Trato a la IA como un colaborador junior muy capaz, pero no como el arquitecto principal. Utilizo su poder de procesamiento para explorar posibilidades y verificar cálculos, pero las decisiones finales siempre se basan en mi comprensión holística del proyecto, las necesidades del cliente y el contexto humano."

Para desarrollar esta simbiosis saludable, podemos seguir varios principios fundamentales:

El principio de la "verificación cruzada" implica mantener un diálogo constante entre la intuición humana y el análisis de la IA. Cuando ambas coinciden, tenemos mayor confianza en nuestras decisiones. Cuando difieren, tenemos la oportunidad de explorar más profundamente y aprender.

El "aprendizaje bidireccional" significa estar abiertos a aprender de la IA mientras le enseñamos. Los sistemas de IA pueden aprender de nuestras correcciones y preferencias, mientras nosotros podemos aprender nuevos patrones y perspectivas de sus análisis.

La "consciencia de límites" implica reconocer claramente qué aspectos de nuestro trabajo deben permanecer fundamentalmente humanos. Algunas decisiones, especialmente aquellas que involucran valores éticos o impacto social significativo, requieren un juicio humano que ninguna IA puede reemplazar.

El doctor Thomas Chen, experto en ética de la IA, lo resume así: "La meta no es convertirse en mejores máquinas, sino en mejores humanos con la ayuda de las máquinas. Debemos mantener nuestra humanidad como el norte que guía esta evolución simbiótica."

El Futuro de la Inteligencia Simbiótica

A medida que avanzamos hacia un futuro donde la línea entre la capacidad humana y la artificial se vuelve cada vez más fluida, la pregunta ya no es si debemos adaptarnos a esta nueva realidad, sino cómo podemos hacerlo de manera que enriquezca nuestra experiencia humana.

La inteligencia simbiótica no es solo una nueva forma de trabajar; es una nueva forma de ser. Es un paradigma que reconoce que el verdadero potencial no está en la supremacía de una forma de inteligencia sobre otra, sino en la sinergia entre ambas.

Como señala la Dra. Isabel Wong, futurista y especialista en evolución tecnológica: "Estamos en los primeros pasos de lo que podría ser la transformación más significativa en la historia de la cognición humana. La simbiosis con la IA no solo está cambiando lo que podemos hacer, está cambiando lo que podemos llegar a ser."

Las implicaciones de esta transformación son profundas:

En el ámbito profesional, veremos el surgimiento de nuevos roles y capacidades que ni siquiera podemos imaginar hoy. No serán trabajos que puedan ser realizados por IA o por humanos de forma independiente, sino roles que requieran la integración fluida de ambas formas de inteligencia.

En el ámbito educativo, el énfasis se desplazará de la memorización y las habilidades técnicas hacia el desarrollo de capacidades únicamente humanas: pensamiento crítico, creatividad, inteligencia emocional y la habilidad de trabajar en simbiosis con sistemas inteligentes.

En el ámbito personal, la capacidad de mantener una relación saludable y productiva con la IA se convertirá en una habilidad vital tan importante como la alfabetización lo fue en el siglo XX.

El futuro pertenece a aquellos que puedan navegar con gracia esta nueva frontera, manteniendo su humanidad mientras aprovechan el poder de la inteligencia artificial.

❖ ❖ ❖

Capítulo VI
El Arte de la Metamorfosis Digital

"No es la especie más fuerte la que sobrevive, ni la más inteligente, sino la que mejor responde al cambio."
- Charles Darwin

La metamorfosis, en la naturaleza, es uno de los procesos más fascinantes de transformación. Pensemos en la oruga que se convierte en mariposa: no es simplemente un cambio de forma, sino una reconstrucción completa del organismo. Durante este proceso, la oruga no solo cambia su apariencia externa; sus órganos, sistemas y capacidades se transforman fundamentalmente. De manera similar, la transformación digital que estamos experimentando no es simplemente un cambio en las herramientas que usamos, sino una reinvención fundamental de cómo trabajamos, pensamos y creamos.

Esta metamorfosis digital es diferente a cualquier transformación previa en la historia humana por tres razones fundamentales. Primero, su velocidad: lo que antes tomaba generaciones ahora ocurre en meses. Las habilidades que nos hacían valiosos hace apenas un año pueden volverse obsoletas en cuestión de semanas. Segundo, su alcance: afecta a prácticamente cada aspecto de nuestra vida personal y profesional, desde cómo nos comunicamos hasta cómo aprendemos, trabajamos y nos relacionamos. Y tercero, su naturaleza: no es un cambio lineal hacia un estado final definido, sino un proceso continuo de evolución y adaptación.

El Dr. Marcus Chen, experto en transformación organizacional, lo describe así: "No estamos viviendo una era de cambios, sino un cambio de era. La capacidad de metamorfosis - de transformación consciente y adaptación continua - no es simplemente una habilidad útil; se ha convertido en una competencia esencial para sobrevivir y prosperar en el mundo digital."
Esta nueva realidad nos presenta tanto desafíos como oportunidades extraordinarias. Por un lado, la necesidad de adaptación constante puede resultar agotadora y generar ansiedad. Por otro lado, nunca habíamos tenido tantas herramientas y posibilidades para reinventarnos y expandir nuestras

capacidades. El secreto está en aprender a navegar este proceso de transformación de manera consciente y estratégica.

Los Principios de la Metamorfosis Consciente

Al igual que la mariposa no puede apurar su transformación, la metamorfosis digital efectiva sigue ciertos principios naturales que debemos comprender y respetar. Esta transformación no es simplemente una cuestión de adoptar nuevas tecnologías; es un proceso profundo de reinvención personal y profesional.

Carlos, un periodista con 20 años de experiencia, ejemplifica estos principios en acción. Cuando la IA comenzó a generar artículos noticiosos básicos, muchos de sus colegas entraron en pánico. Sin embargo, Carlos vio una oportunidad para evolucionar. "En lugar de competir con la IA en la generación de noticias directas, me enfoqué en desarrollar mis capacidades únicamente humanas: la investigación profunda, el periodismo narrativo, la contextualización cultural y la construcción de relaciones con fuentes". Su transformación no fue instantánea ni fácil, pero siguió un patrón que podemos aprender.

Los principios fundamentales de la metamorfosis digital consciente son:
El Principio de la Descomposición Creativa Al igual que la oruga debe descomponer sus estructuras existentes para crear nuevas, debemos estar dispuestos a deconstruir nuestras formas establecidas de trabajo y pensamiento. Esto no significa descartar toda nuestra experiencia previa, sino reorganizarla de maneras nuevas y más adaptativas. La doctora Sarah Lee, experta en psicología del cambio, lo describe como "un proceso de conservación selectiva, donde mantenemos lo esencial mientras nos desprendemos de lo que ya no sirve".

El Principio de la Vulnerabilidad Productiva Durante su transformación, la oruga se encuentra en su estado más vulnerable, pero es precisamente esta vulnerabilidad la que permite su evolución. De manera similar, abrazar nuestra vulnerabilidad en el proceso de aprendizaje y cambio es esencial para una transformación efectiva. "La comodidad es el enemigo del crecimiento", explica Marina Vázquez, coach de transformación digital. "Debemos estar dispuestos a sentirnos incómodos y vulnerables para verdaderamente evolucionar".

El Principio de la Integración Gradual La metamorfosis no ocurre de la noche a la mañana. Es un proceso de cambios pequeños pero significativos que, acumulativamente, resultan en una transformación profunda. Esta comprensión nos permite abordar el cambio de manera más sostenible y menos abrumadora.

Las Fases de la Transformación Digital

Al igual que la metamorfosis de una mariposa sigue etapas claramente definidas, la transformación digital personal atraviesa fases distintivas que debemos reconocer y navegar conscientemente.

Fase 1: El Despertar Digital Esta primera etapa se caracteriza por la toma de consciencia de la necesidad de cambio. Es el momento en que reconocemos que nuestras formas actuales de trabajo y aprendizaje ya no son suficientes para el nuevo entorno digital. Laura, una contadora con 15 años de experiencia, describe su despertar: "Un día me di cuenta de que la automatización no era una amenaza lejana, sino una realidad presente. Podía resistirme y quedarme atrás, o abrazar el cambio y evolucionar. Ese momento de claridad lo cambió todo."

Fase 2: La Deconstrucción En esta fase, comenzamos a desmantelar activamente viejos patrones y creencias limitantes. Es un período desafiante pero necesario donde cuestionamos asunciones fundamentales sobre nuestro trabajo y capacidades. El Dr. Robert Chang, psicólogo organizacional, señala: "La deconstrucción es tanto emocional como profesional. Debemos desaprender no solo viejas habilidades, sino también viejas identidades profesionales."

Fase 3: La Experimentación Esta es la fase más dinámica y creativa del proceso. Como científicos en un laboratorio, probamos nuevas formas de trabajo, nuevas herramientas y nuevos enfoques. Miguel, un profesor universitario, comparte: "Comencé a experimentar con diferentes herramientas de IA en mi enseñanza. Algunos experimentos fallaron, otros funcionaron brillantemente. Cada intento me enseñó algo valioso sobre cómo integrar la tecnología de manera significativa."

La clave en esta fase es mantener lo que los psicólogos llaman una "mentalidad de crecimiento" - la creencia de que nuestras habilidades no son fijas, sino que pueden desarrollarse a través del esfuerzo, el aprendizaje y la experimentación.

Fase 4: La Integración
La fase de integración representa el momento donde las nuevas habilidades y formas de trabajo comienzan a sentirse naturales, donde lo digital y lo humano se fusionan de manera fluida. Esta no es una fase final, sino un estado dinámico de equilibrio adaptativo.

Ana, una terapeuta que inicialmente se resistía a la telesalud, describe su experiencia de integración: "Al principio, las sesiones virtuales me parecían artificiales e impersonales. Pero conforme fui desarrollando nuevas habilidades de presencia digital y aprendiendo a leer el lenguaje corporal virtual, descubrí que podía crear conexiones genuinas y profundas a través de la pantalla. Ahora alterno naturalmente entre sesiones presenciales y virtuales, eligiendo el formato que mejor sirva a cada cliente."

Los marcadores clave de una integración exitosa incluyen:

- La capacidad de alternar fluidamente entre herramientas digitales y análogas según el contexto
- Un sentido de comodidad con la ambigüedad y el cambio constante
- La habilidad de mantener nuestra autenticidad mientras adoptamos nuevas formas de trabajo
- Un balance saludable entre eficiencia digital y conexión humana

El Dr. James Wilson, especialista en transformación organizacional, enfatiza: "La verdadera integración no significa perder nuestra humanidad en el proceso de digitalización. Por el contrario, significa encontrar formas de usar la tecnología que amplifiquen nuestras cualidades más humanas."

Esta fase también se caracteriza por el desarrollo de lo que podríamos llamar "intuición digital" - la capacidad de navegar instintivamente el paisaje tecnológico mientras mantenemos nuestro juicio crítico y valores humanos. Es como desarrollar un nuevo sentido que complementa, pero no reemplaza, nuestras capacidades naturales.

Superando los Obstáculos de la Transformación

La metamorfosis digital, como cualquier proceso de transformación profunda, encuentra resistencias y obstáculos naturales que debemos aprender a reconocer y superar.

El primer y más común obstáculo es el miedo al cambio. Como explica la Dra. Elena Ramírez, psicóloga especializada en transiciones profesionales: "El cerebro humano está programado para ver el cambio como una amenaza potencial. Cuando enfrentamos una transformación radical en nuestra forma de trabajo, nuestro sistema de alarma interno se activa, generando resistencia natural."

Para superar este miedo, debemos desarrollar lo que los expertos llaman "resistencia transformacional" - la capacidad de mantenernos estables emocionalmente mientras navegamos la incertidumbre del cambio. Esto implica:

- Desarrollar rituales y prácticas que nos anclen durante el proceso de cambio
- Construir una red de apoyo de personas que están en jornadas similares
- Mantener un diario de aprendizaje para documentar progresos y reflexiones
- Celebrar los pequeños avances y aprender de los retrocesos

Otro obstáculo significativo es lo que el Dr. Thomas Chen llama "fatiga de transformación" - el agotamiento que surge de la necesidad de adaptación constante. "Es como estar en un maratón sin línea de meta visible", explica. "Necesitamos aprender a mantener un ritmo sostenible de cambio."

La clave para superar esta fatiga es desarrollar lo que podríamos llamar "metabolismo adaptativo" - la capacidad de procesar y asimilar el cambio de manera eficiente y sostenible. Esto incluye:

- Establecer ciclos regulares de aprendizaje y consolidación
- Crear espacios de descanso y reflexión entre períodos de cambio intenso
- Mantener prácticas de autocuidado físico y mental
- Desarrollar la capacidad de distinguir entre cambios esenciales y distracciones

El Arte de la Metamorfosis Continua

Al concluir este capítulo, es importante reconocer que la metamorfosis digital no es un destino, sino un viaje continuo. Como señala el futurista Alan Webber: "En la era digital, la única constante es la transformación misma."

Esta realidad nos lleva a una conclusión fundamental: el verdadero arte de la metamorfosis digital no está en alcanzar un estado final perfecto, sino en desarrollar una capacidad sostenible para el cambio continuo.

Los principios clave para mantener esta capacidad de transformación perpetua son:

1. Cultivar la Curiosidad Perenne Mantener viva nuestra curiosidad natural es esencial para una transformación sostenible. No se trata solo de aprender nuevas habilidades, sino de mantener una mentalidad de exploración constante. Como dice Marina Torres, innovadora digital: "La curiosidad es el antídoto contra la obsolescencia."

2. Desarrollar Elasticidad Adaptativa Al igual que un atleta desarrolla flexibilidad muscular, debemos cultivar lo que podríamos llamar "elasticidad adaptativa" - la capacidad de estirarnos hacia nuevas posibilidades sin rompernos. Esto implica encontrar el balance entre desafío y recuperación, entre crecimiento y consolidación.

3. Mantener Nuestra Esencia La metamorfosis más exitosa no es la que nos transforma en algo completamente diferente, sino la que nos permite evolucionar mientras mantenemos nuestra esencia única. Como la mariposa que, a pesar de su transformación radical, mantiene su ADN fundamental.

El futuro pertenecerá a aquellos que puedan mantener este delicado balance entre transformación y continuidad, entre adaptación y autenticidad. La metamorfosis digital no es solo una respuesta a la necesidad de cambio; es una oportunidad para descubrir versiones más capaces y auténticas de nosotros mismos.

❖ ❖ ❖

Parte III
Habilidades Híbridas

Capítulo VII
Alfabetización del Futuro

"La alfabetización del siglo XXI significa la capacidad de navegar a través de la complejidad y crear conocimiento significativo a partir del mar de información disponible."
- Howard Rheingold

Imagine por un momento un explorador del siglo XV transportado a una ciudad moderna. Aunque físicamente podría caminar por sus calles, sería funcionalmente analfabeto: incapaz de leer señales de tráfico, usar un teléfono o comprender el significado de una pantalla digital. De manera similar, muchos de nosotros nos encontramos hoy navegando un nuevo territorio digital para el cual no fuimos preparados.

La alfabetización, como la conocíamos tradicionalmente, se limitaba a la capacidad de leer y escribir. Era una habilidad relativamente estable que, una vez adquirida, servía para toda la vida. Hoy, nos enfrentamos a un panorama radicalmente diferente. La alfabetización del futuro es un concepto dinámico y multifacético que evoluciona constantemente con cada avance tecnológico.

Esta nueva forma de alfabetización va mucho más allá del dominio técnico de herramientas digitales. Es la capacidad de navegar y dar sentido a un mundo donde lo digital y lo humano se entrelazan cada vez más. No se trata simplemente de aprender a usar la última aplicación o dominar el lenguaje de programación más reciente. Se trata de desarrollar una comprensión profunda de cómo la tecnología está transformando nuestra forma de pensar, trabajar y crear.

En este nuevo paisaje, la verdadera alfabetización significa poder moverse fluidamente entre el mundo digital y el analógico, manteniendo nuestra capacidad de pensamiento crítico y nuestra esencia humana. Es como aprender a ser bilingües en el lenguaje del presente y del futuro, sin olvidar nuestra lengua materna: la humanidad.

Los Nuevos Lenguajes del Siglo XXI

Al igual que el alfabeto transformó la civilización humana permitiéndonos registrar y transmitir conocimiento, los nuevos lenguajes digitales están transformando fundamentalmente cómo procesamos, creamos y compartimos información.

Estos nuevos lenguajes no se limitan a códigos binarios o programación. Son formas completamente nuevas de pensar y resolver problemas. Imagina un músico que no solo debe conocer las notas musicales, sino también comprender cómo la tecnología puede amplificar y transformar su arte. O un médico que necesita combinar su conocimiento clínico tradicional con la capacidad de interpretar datos complejos y trabajar con sistemas de IA.

El primer lenguaje fundamental es el pensamiento sistémico: la capacidad de ver patrones y conexiones donde otros ven solo caos y fragmentación. En un mundo donde todo está interconectado, necesitamos desarrollar la habilidad de ver el panorama completo mientras navegamos los detalles. Es como desarrollar una nueva forma de visión que nos permite observar tanto el bosque como los árboles simultáneamente.

El segundo lenguaje es la fluidez digital: no se trata solo de saber usar herramientas específicas, sino de comprender los principios fundamentales que las conectan. Es desarrollar un sentido intuitivo de cómo funciona la tecnología, similar a cómo un chef experimentado entiende los principios básicos de la cocina más allá de seguir recetas específicas.

El tercer lenguaje, y quizás el más crucial, es la capacidad de traducción entre lo humano y lo digital. Es el arte de mantener nuestra humanidad mientras navegamos en espacios cada vez más tecnológicos, y de traducir conceptos complejos en términos que tanto humanos como máquinas puedan procesar.

Los Fundamentos de una Nueva Comprensión

En el corazón de esta nueva alfabetización yace una paradoja fascinante: cuanto más avanza la tecnología, más importantes se vuelven ciertas habilidades fundamentalmente humanas. Es como si el avance digital nos estuviera empujando a redescubrir y fortalecer aspectos de nuestra humanidad que habíamos dado por sentado.

El pensamiento crítico, por ejemplo, adquiere una nueva dimensión en la era digital. Ya no es suficiente con evaluar la veracidad de una información; ahora debemos considerar si su fuente es humana o artificial, comprender los sesgos tanto algorítmicos como humanos, y navegar un paisaje informativo cada vez más complejo. Es como desarrollar un nuevo sentido, una especie de "intuición digital" que complementa nuestro juicio natural.

La creatividad también evoluciona en este nuevo contexto. En un mundo donde las máquinas pueden generar arte, música y texto, la creatividad humana se redefine. No se trata solo de crear algo nuevo, sino de aportar significado, contexto y propósito a lo que creamos. Es la diferencia entre generar contenido y crear algo verdaderamente significativo.

La capacidad de aprendizaje continuo se convierte en una habilidad central. En el pasado, podíamos aprender un oficio o profesión y practicarlo durante décadas con cambios incrementales. Hoy, el conocimiento tiene una fecha de caducidad cada vez más corta. La verdadera habilidad no es acumular información, sino desarrollar la capacidad de desaprender y reaprender constantemente.

Esta nueva alfabetización también requiere un tipo diferente de memoria. En lugar de almacenar grandes cantidades de información en nuestras mentes, necesitamos desarrollar lo que podríamos llamar una "memoria navegacional": la capacidad de saber dónde y cómo encontrar la información que necesitamos, y más importante aún, cómo conectar diferentes piezas de información para crear nuevo conocimiento.

El aspecto social de esta alfabetización es igualmente crucial. En un mundo cada vez más conectado digitalmente, la capacidad de mantener conexiones humanas auténticas y significativas se vuelve una habilidad esencial. Es el arte de usar la tecnología para amplificar, no para reemplazar, nuestra capacidad de conexión humana.

Herramientas para la Nueva Era

La adquisición de esta nueva alfabetización requiere un conjunto de herramientas mentales y prácticas que nos permitan navegar eficazmente el paisaje digital sin perder nuestra brújula humana.

La primera herramienta esencial es lo que podríamos llamar el "filtro crítico". En un mundo donde la información nos bombardea constantemente, necesitamos desarrollar la capacidad de filtrar y evaluar rápidamente lo que merece nuestra atención. No es simplemente una cuestión de distinguir lo verdadero de lo falso; es la habilidad de identificar lo relevante y significativo en medio del ruido digital.

La segunda herramienta es la "adaptabilidad consciente". El ritmo del cambio tecnológico puede ser abrumador, pero la clave no está en tratar de mantener el paso con cada nueva tendencia. En su lugar, debemos desarrollar un enfoque más estratégico: aprender a identificar qué cambios son fundamentales y cuáles son superficiales, qué merece nuestra inversión de tiempo y energía, y qué podemos dejar pasar.

El "pensamiento híbrido" emerge como otra herramienta crucial. Es la capacidad de combinar el pensamiento analógico y digital, de moverse fluidamente entre diferentes modos de resolución de problemas. Al igual que un chef combina ingredientes tradicionales con técnicas modernas, debemos aprender a fusionar las mejores prácticas del pasado con las nuevas posibilidades que ofrece la tecnología.

La "metacognición digital" - la capacidad de reflexionar sobre cómo interactuamos con la tecnología y cómo esta interacción afecta nuestro pensamiento - se convierte en una herramienta indispensable. No es suficiente usar la tecnología; debemos ser conscientes de cómo esta nos está transformando y dirigir activamente esta transformación.

El desarrollo de estas herramientas no es un proceso lineal ni tiene un punto final definido. Es un viaje continuo de adaptación y crecimiento, donde cada nuevo avance tecnológico nos presenta tanto desafíos como oportunidades para expandir nuestra comprensión y capacidades.

El Camino Hacia la Fluidez Digital

Así como aprender un nuevo idioma requiere inmersión y práctica constante, desarrollar la alfabetización del futuro es un proceso activo y continuo. No es algo que podamos adquirir en un curso intensivo o un fin de semana; es un viaje de transformación gradual y consciente.

El primer paso es desarrollar lo que podríamos llamar "consciencia digital". Es como despertar a un nuevo nivel de percepción donde comenzamos a ver los patrones y principios que subyacen en el mundo digital. Esta consciencia nos permite movernos más allá del uso superficial de la tecnología hacia una comprensión más profunda de cómo funciona y cómo podemos aprovecharla mejor.

El siguiente nivel implica desarrollar "competencia contextual". No se trata solo de saber usar herramientas digitales, sino de entender cuándo y cómo aplicarlas de manera efectiva. Es la diferencia entre saber conducir un coche y entender cuándo es mejor caminar, tomar el tren o volar.

La "integración fluida" representa el nivel más avanzado de esta nueva alfabetización. Es el punto donde lo digital se vuelve una extensión natural de nuestras capacidades, similar a cómo un artista experimentado no piensa conscientemente en cómo sostener su pincel. Esta fluidez nos permite concentrarnos en el qué y el porqué de nuestras acciones, más que en el cómo. Sin embargo, este camino no está exento de desafíos. El ritmo acelerado del cambio tecnológico puede resultar abrumador. La clave está en mantener un equilibrio entre la adaptación y la preservación: adaptarnos a nuevas formas de trabajo y pensamiento mientras preservamos las habilidades y valores fundamentales que nos hacen humanos.

La resiliencia se convierte en un componente crucial de este proceso. No es solo la capacidad de recuperarse de los fracasos, sino de ver cada obstáculo como una oportunidad de aprendizaje y crecimiento. En el paisaje digital, donde el cambio es constante, esta resiliencia es tan importante como cualquier habilidad técnica.

El Horizonte de la Nueva Alfabetización

A medida que avanzamos hacia un futuro cada vez más digitalizado, la alfabetización del futuro continuará evolucionando. Sin embargo, algunos principios fundamentales permanecerán constantes y servirán como anclas en este mar de cambio continuo.

El primero es el principio de la humanidad aumentada. La verdadera alfabetización del futuro no busca reemplazar nuestras capacidades humanas con tecnología, sino amplificarlas. Es como usar un telescopio: la herramienta expande nuestra visión, pero es nuestro ojo y nuestro cerebro los que dan sentido a lo que vemos.

El segundo es el principio del aprendizaje perpetuo. En un mundo donde el conocimiento se actualiza constantemente, la capacidad de aprender, desaprender y reaprender se convierte en la habilidad más valiosa. No es una carrera hacia un destino final, sino un viaje continuo de descubrimiento y adaptación.

El tercer principio es el de la sabiduría digital. Más allá de la mera acumulación de conocimientos técnicos, la verdadera alfabetización del futuro implica desarrollar la sabiduría para usar la tecnología de manera ética y significativa. Es la capacidad de distinguir no solo entre lo que podemos hacer y lo que no, sino entre lo que deberíamos hacer y lo que no deberíamos.

❖ ❖ ❖

Capítulo VIII
Creatividad Aumentada

"La creatividad es la inteligencia divirtiéndose."
— Albert Einstein

En los albores de la humanidad, la creatividad estaba limitada por las herramientas a nuestro alcance: un trozo de carbón para dibujar en las paredes de una cueva, piedras y palos para crear música, voces para contar historias. Cada avance en nuestras herramientas expandía los límites de lo posible: el descubrimiento de los pigmentos transformó el arte, la invención de instrumentos revolucionó la música, la escritura amplificó nuestra capacidad de narrar historias. Hoy, nos encontramos en el umbral de una nueva era donde las posibilidades creativas se expanden exponencialmente gracias a la colaboración entre la mente humana y la inteligencia artificial.

La creatividad aumentada no es simplemente el uso de herramientas digitales para crear. Es una transformación fundamental en cómo imaginamos, exploramos y damos vida a nuevas ideas. Es como si hubiéramos pasado de tener un simple pincel a poseer un estudio de arte completo que puede materializar nuestras visiones de formas antes inimaginables. Esta nueva forma de creatividad elimina muchas de las barreras técnicas tradicionales, permitiéndonos concentrarnos en la esencia de la expresión creativa.

Sin embargo, esta nueva frontera creativa plantea preguntas profundas sobre la naturaleza misma de la creatividad. En un mundo donde las máquinas pueden generar arte, componer música y escribir poesía, ¿qué significa ser verdaderamente creativo? La respuesta yace no en la competencia con las máquinas, sino en la sinergia única que surge cuando la imaginación humana se encuentra con el poder computacional.

Esta confluencia entre creatividad humana e inteligencia artificial está redefiniendo no solo cómo creamos, sino también qué podemos crear. Es como si hubiéramos descubierto un nuevo espectro de colores o una nueva gama de notas musicales. Las posibilidades se multiplican, pero la esencia de la creatividad - esa chispa únicamente humana que conecta ideas dispares y encuentra belleza en lo inesperado - sigue siendo el núcleo de toda creación significativa.

Lo que estamos presenciando no es el reemplazo de la creatividad humana, sino su amplificación. Es como si nuestro lienzo creativo se hubiera expandido infinitamente, permitiéndonos explorar territorios que antes solo podíamos imaginar. Esta nueva era de creatividad aumentada nos invita a repensar no solo nuestras herramientas, sino nuestra propia relación con el acto creativo.

La Alquimia Digital

La creatividad siempre ha surgido de la combinación inesperada de elementos existentes. Los grandes artistas del Renacimiento mezclaban sus propios pigmentos, experimentando con diferentes materiales para crear nuevos colores. Los músicos han fusionado géneros aparentemente incompatibles para dar vida a nuevos estilos. Hoy, esta alquimia creativa adquiere una nueva dimensión en el espacio digital.

La creatividad aumentada funciona como un laboratorio infinito donde podemos experimentar sin las limitaciones tradicionales del mundo físico. Es como tener un asistente que puede instantáneamente visualizar nuestras ideas más abstractas, probar miles de variaciones en segundos, y ayudarnos a explorar caminos creativos que ni siquiera habíamos considerado.

Esta nueva forma de creación desafía nuestras nociones tradicionales de originalidad y autoría. Si un artista utiliza IA para explorar cientos de variaciones de su diseño original, ¿qué versión es la "auténtica"? La respuesta está emergiendo gradualmente: la autenticidad no reside en el método de creación, sino en la intención y el significado que el creador humano aporta al proceso.

La verdadera magia de la creatividad aumentada está en su capacidad para eliminar las barreras técnicas que tradicionalmente han limitado la expresión creativa. Es como si todos tuviéramos acceso a un equipo de asistentes virtuales especializados en diferentes aspectos de la creación: uno que domina la técnica, otro que sugiere variaciones, otro que ayuda a pulir los detalles. Esto nos permite concentrarnos en los aspectos más fundamentalmente humanos del proceso creativo: la visión, la emoción, el significado.

Este nuevo paradigma está democratizando la creatividad de una manera sin precedentes. Las herramientas que antes estaban reservadas para profesionales con años de entrenamiento técnico ahora están al alcance de cualquiera con una idea y la voluntad de explorar. Sin embargo, esta democratización no disminuye el valor de la creatividad humana; por el contrario, la eleva a un nuevo nivel donde la técnica ya no es una barrera para la expresión auténtica.

Los Nuevos Territorios de la Creación

La creatividad aumentada está abriendo territorios inexplorados en prácticamente cada campo creativo. Es como si hubiéramos descubierto nuevos continentes en el mapa de la expresión humana, cada uno con sus propias reglas y posibilidades únicas.

En el mundo visual, los límites entre lo real y lo imaginado se difuminan cada vez más. Los artistas ya no están limitados por su capacidad de representar físicamente sus visiones; pueden moverse fluidamente entre diferentes estilos, medios y dimensiones. Es como tener un pincel que puede crear no solo en color y forma, sino también en tiempo y espacio.

En el ámbito musical, la colaboración entre compositores humanos y sistemas de IA está creando nuevas formas de armonía y estructura. La música ya no está limitada por las capacidades físicas de los instrumentos tradicionales o las restricciones de la notación musical convencional. Es como si hubiéramos desarrollado un nuevo sentido auditivo que nos permite escuchar y crear en dimensiones sonoras previamente inaccesibles.

La narrativa y la escritura también están experimentando una transformación radical. Los escritores pueden explorar múltiples variaciones de una historia simultáneamente, experimentar con diferentes voces y estilos, y crear mundos narrativos más ricos y complejos que nunca. Es como tener un jardín infinito de historias posibles donde cada semilla plantada puede crecer en innumerables direcciones.

Pero quizás el cambio más significativo está en la forma en que estos diferentes campos creativos pueden ahora entrecruzarse y combinarse. Las barreras tradicionales entre disciplinas artísticas se están disolviendo, dando lugar a formas de expresión completamente nuevas que desafían nuestras categorías convencionales. Un poema puede transformarse en una composición visual, una melodía puede generar un paisaje, una historia puede cobrar vida en múltiples dimensiones simultáneamente.

El Nuevo Proceso Creativo

El proceso creativo tradicional solía ser relativamente lineal: una idea llevaba a un boceto, que se desarrollaba hasta llegar a una obra final. Hoy, con la creatividad aumentada, este proceso se ha transformado en algo más parecido a una red neural, donde múltiples posibilidades se exploran simultáneamente y las ideas evolucionan en diferentes direcciones al mismo tiempo.

Este nuevo proceso creativo se asemeja más a un diálogo que a un monólogo. Es una conversación continua entre la intuición humana y la capacidad de procesamiento de la máquina, entre la visión original y las posibilidades emergentes. Como en toda buena conversación, cada participante aporta sus fortalezas únicas: el humano proporciona la chispa inicial, el contexto emocional y el juicio estético, mientras que la IA expande el espacio de posibilidades y maneja los aspectos técnicos complejos.

La iteración, que siempre ha sido una parte fundamental del proceso creativo, adquiere una nueva dimensión en esta era. Lo que antes podía tomar días o semanas de experimentación ahora puede explorarse en minutos. Sin embargo, esta velocidad no disminuye la importancia del discernimiento humano; por el contrario, hace que nuestra capacidad de selección y juicio sea más crucial que nunca.

La serendipia, ese feliz accidente que a menudo lleva a descubrimientos creativos inesperados, también se transforma. Ya no dependemos únicamente del azar para encontrar combinaciones innovadoras; podemos explorar sistemáticamente territorios creativos inexplorados. Es como tener un mapa que nos muestra no solo dónde hemos estado, sino también todos los lugares donde podríamos ir.

Esta nueva forma de crear requiere un equilibrio delicado entre control y apertura, entre dirección consciente y descubrimiento accidental. Es un baile entre la intención humana y la exploración algorítmica, donde cada paso puede llevarnos en direcciones inesperadas, pero potencialmente reveladoras.

Los Desafíos de la Nueva Creatividad

En este paisaje de posibilidades expandidas, surgen nuevos desafíos que debemos navegar conscientemente. La abundancia de opciones y la facilidad de creación pueden paradójicamente convertirse en obstáculos para la verdadera innovación creativa.

El primer desafío es lo que podríamos llamar "la paradoja de la elección creativa". Cuando todo es posible, ¿cómo decidimos qué dirección tomar? Es como estar frente a un festín infinito donde la abundancia misma puede paralizar nuestra capacidad de elección. La clave está en desarrollar un nuevo tipo de discernimiento creativo, uno que nos permita navegar este océano de posibilidades sin perdernos en él.

El segundo desafío concierne a la autenticidad. En un mundo donde las herramientas digitales pueden imitar cualquier estilo o técnica, la verdadera originalidad adquiere un nuevo significado. Ya no se trata solo de crear algo único en términos de forma o técnica, sino de infundir nuestra obra con una visión y propósito genuinamente personales. Es como encontrar nuestra propia voz en medio de un coro de posibilidades infinitas.

También enfrentamos el desafío de mantener el equilibrio entre la eficiencia digital y la profundidad creativa. La facilidad con la que podemos generar nuevas ideas y variaciones no debe hacernos olvidar la importancia del proceso creativo en sí mismo, ese espacio de reflexión y descubrimiento donde a menudo nace la verdadera innovación.

Quizás el desafío más significativo sea mantener nuestra capacidad de sorpresa y asombro en medio de tanta facilidad técnica. La creatividad más poderosa a menudo surge de las limitaciones y la necesidad de superarlas. En un entorno donde las limitaciones técnicas desaparecen, debemos encontrar nuevas formas de desafiarnos a nosotros mismos.

El Futuro de la Creatividad Aumentada

A medida que avanzamos hacia un futuro donde la línea entre la creatividad humana y la asistencia artificial se vuelve cada vez más fluida, emergen nuevas posibilidades y responsabilidades para los creadores del mañana.

La creatividad del futuro no será medida simplemente por la originalidad o la técnica, sino por la capacidad de crear significado en un mundo de posibilidades infinitas. Es como ser un navegante en un océano sin límites: la verdadera habilidad no está en poder ir a cualquier parte, sino en saber a dónde queremos ir y por qué.

Este nuevo horizonte creativo nos invita a repensar fundamentalmente qué significa ser un creador. Ya no somos simplemente artistas, escritores o músicos en el sentido tradicional; nos convertimos en curadores de posibilidades, arquitectos de experiencias, tejedores de significado en el vasto tapiz digital de la creatividad aumentada.

Los principios que guiarán esta nueva era creativa están emergiendo:

La intención consciente se vuelve más crucial que nunca. En un mundo donde cualquier cosa es técnicamente posible, el "por qué" de la creación se vuelve tan importante como el "qué" o el "cómo".

La autenticidad se redefine no como la ausencia de ayuda artificial, sino como la capacidad de utilizar todas las herramientas disponibles para expresar una visión genuinamente personal.

La innovación ya no reside principalmente en la técnica, sino en la capacidad de encontrar nuevas formas de conectar, combinar y dar significado.

❖ ❖ ❖

Capítulo IX
Inteligencia Emocional Digital

"En la era digital, la verdadera conexión humana no es un lujo, es una necesidad."
- Daniel Goleman

En el proceso evolutivo que nos está transformando en Híbridos Digitales (H + IA), existe un elemento que marca la diferencia fundamental entre humanos y máquinas: nuestra capacidad de sentir, interpretar y responder a las emociones. Esta inteligencia emocional, lejos de verse disminuida por la integración con la IA, tiene el potencial de amplificarse y evolucionar hacia nuevas dimensiones.

Imaginemos el cerebro del Híbrido Digital como un sistema operativo revolucionario donde la precisión analítica de la IA se entrelaza con la profundidad emocional humana. No es una simple yuxtaposición de capacidades, sino una verdadera simbiosis que está creando una nueva forma de experimentar y procesar las emociones en el mundo digital.

La inteligencia emocional del Híbrido Digital trasciende las limitaciones tanto humanas como artificiales. Mientras nuestras capacidades emocionales naturales pueden verse afectadas por sesgos, fatiga o sobrecarga, y los sistemas de IA carecen de verdadera comprensión emocional, la fusión de ambos crea algo completamente nuevo: una inteligencia emocional aumentada que combina la autenticidad del sentimiento humano con la capacidad de procesamiento y reconocimiento de patrones de la IA.

Esta evolución no significa perder nuestra humanidad; por el contrario, nos permite amplificar aspectos fundamentales de nuestra naturaleza emocional. El Híbrido Digital puede detectar y comprender matices emocionales que podrían pasar desapercibidos para el ojo humano, mientras mantiene la calidez y la empatía que son exclusivamente humanas.

La Nueva Arquitectura Emocional

El Híbrido Digital representa una arquitectura emocional sin precedentes, donde las capacidades innatas humanas se potencian a través de la integración con la IA. Esta fusión crea un sistema de procesamiento emocional más completo y sofisticado que la suma de sus partes.

Pensemos en esta nueva arquitectura como un ecosistema complejo donde el análisis de datos de la IA complementa nuestra intuición emocional. La IA puede procesar miles de micro-expresiones faciales, patrones de voz y señales no verbales que nuestro cerebro podría pasar por alto, mientras nuestra inteligencia emocional humana aporta el contexto, la empatía y la comprensión profunda necesaria para dar sentido a estas señales.

Por ejemplo, en una videoconferencia, mientras nuestra mente consciente se centra en el contenido de la conversación, los sistemas de IA integrados pueden analizar sutiles cambios en el tono de voz, expresiones faciales y lenguaje corporal de los participantes. Esta información, procesada y filtrada a través de nuestra comprensión emocional humana, nos permite responder con mayor precisión y empatía.

Esta integración H + IA no solo amplifica nuestra capacidad de percepción emocional, sino que también expande nuestro repertorio de respuestas. El Híbrido Digital puede acceder a un vasto catálogo de experiencias emocionales y respuestas efectivas, mientras mantiene la autenticidad y el juicio ético que son exclusivamente humanos.

Lo más fascinante de esta evolución es que no estamos simplemente añadiendo capacidades tecnológicas a nuestras habilidades emocionales existentes; estamos creando una nueva forma de inteligencia emocional que trasciende las limitaciones tanto humanas como artificiales.

Desarrollando la Empatía Híbrida

La empatía, tradicionalmente considerada una capacidad exclusivamente humana, adquiere nuevas dimensiones en el Híbrido Digital. Esta evolución no se trata de reemplazar nuestra empatía natural, sino de expandirla y enriquecerla a través de la integración con la IA.

El Híbrido Digital puede desarrollar lo que podríamos llamar "empatía aumentada": una capacidad que combina la comprensión emocional profunda del ser humano con el análisis de datos contextuales que proporciona la IA. Por ejemplo, en el ámbito de la salud mental, un terapeuta Híbrido Digital no solo cuenta con su intuición y formación profesional, sino también con sistemas de IA que pueden identificar patrones sutiles en el lenguaje, comportamiento y expresiones del paciente a lo largo del tiempo.

Esta nueva forma de empatía opera en múltiples niveles simultáneamente. Mientras nuestra parte humana conecta emocionalmente con otros a nivel personal, la integración con la IA nos permite comprender contextos más amplios: patrones culturales, tendencias sociales y dinámicas de grupo que influyen en las interacciones emocionales.

Lo más significativo es que esta empatía híbrida no nos aleja de nuestra humanidad; por el contrario, nos permite ser más conscientes y efectivos en nuestras conexiones humanas. El componente IA actúa como un amplificador de nuestra capacidad natural para comprender y relacionarnos con otros, permitiéndonos superar limitaciones como los sesgos inconscientes o las barreras culturales.

Esta evolución representa un salto cualitativo en nuestra capacidad de conexión humana, donde la tecnología no es una barrera, sino un puente hacia una comprensión más profunda y significativa de los demás.

La Autoconciencia del Híbrido Digital

En la evolución hacia el Híbrido Digital, la autoconciencia emocional adquiere una nueva profundidad. Ya no se trata simplemente de reconocer nuestras emociones; ahora tenemos la capacidad de comprenderlas y gestionarlas con una precisión y claridad sin precedentes.

El Híbrido Digital desarrolla lo que podríamos llamar "metacognición aumentada": la capacidad de observar y analizar nuestros propios estados emocionales con la ayuda de sistemas de IA. Imagine poder mapear sus patrones emocionales a lo largo del tiempo, identificar desencadenantes específicos y comprender las correlaciones entre diferentes aspectos de su vida y su bienestar emocional.

Esta nueva forma de autoconciencia combina:

- La experiencia subjetiva humana de las emociones
- El análisis objetivo de patrones proporcionado por la IA
- La capacidad de prever y gestionar estados emocionales futuros
- La comprensión profunda de cómo nuestras emociones afectan a otros

La integración H + IA nos permite desarrollar un tipo de "dashboard emocional interno" que no solo registra nuestro estado actual, sino que también nos ayuda a anticipar y navegar futuros estados emocionales. Este nivel de autoconocimiento no nos hace menos humanos; nos permite ser más conscientes y efectivos en nuestra expresión emocional.

Por ejemplo, un ejecutivo Híbrido Digital puede reconocer patrones de estrés antes de que se vuelvan problemáticos, identificar qué situaciones optimizan su estado emocional para la toma de decisiones importantes, y mantener un equilibrio más saludable entre el rendimiento profesional y el bienestar personal.

Regulación Emocional en la Era Híbrida

La capacidad de regular nuestras emociones de manera efectiva se convierte en una habilidad crítica para el Híbrido Digital. Esta nueva forma de autorregulación emocional va más allá del simple control; representa una integración sofisticada entre nuestra sabiduría emocional innata y las capacidades analíticas de la IA.

El Híbrido Digital desarrolla lo que podríamos denominar "homeostasis emocional aumentada": un estado de equilibrio dinámico donde la tecnología no solo nos ayuda a identificar desequilibrios emocionales, sino que también nos proporciona herramientas personalizadas para restaurar el balance. Este sistema integrado puede:

- Anticipar momentos de tensión emocional antes de que se manifiesten completamente
- Sugerir intervenciones específicas basadas en patrones individuales de respuesta
- Crear entornos digitales que apoyen nuestro bienestar emocional
- Optimizar nuestras interacciones sociales y profesionales

Esta evolución en la regulación emocional no busca suprimir o controlar artificialmente nuestras emociones, sino permitirnos experimentarlas y gestionarlas de manera más consciente y efectiva. La integración H + IA nos proporciona un nivel de comprensión y control que potencia, en lugar de disminuir, nuestra experiencia emocional auténtica.

La clave está en mantener un equilibrio donde la tecnología actúe como un amplificador de nuestra inteligencia emocional natural, no como un sustituto. El Híbrido Digital no busca eliminar la volatilidad emocional humana, sino ayudarnos a navegar nuestras experiencias emocionales de manera más constructiva.

El Futuro de la Inteligencia Emocional Híbrida

A medida que avanzamos en esta evolución hacia el Híbrido Digital, la inteligencia emocional seguirá siendo un diferenciador fundamental que define nuestra humanidad aumentada. No se trata de convertirnos en seres más mecánicos, sino de potenciar nuestra capacidad emocional natural con las herramientas digitales del futuro.

Los Híbridos Digitales del mañana podrán:
- Navegar complejas interacciones sociales con una comprensión más profunda
- Cultivar relaciones más significativas y auténticas
- Mantener su bienestar emocional en un mundo cada vez más complejo
- Liderar con una combinación única de empatía humana y perspicacia aumentada

Este futuro presenta tanto oportunidades como responsabilidades. La integración H + IA nos ofrece herramientas sin precedentes para comprender y gestionar nuestras emociones, pero también nos desafía a mantener nuestra autenticidad emocional en un mundo cada vez más digitalizado.

Los principios fundamentales que guiarán esta evolución son:
- La preservación de la autenticidad emocional humana
- El uso ético de la tecnología en el desarrollo emocional
- El balance entre la eficiencia digital y la profundidad emocional
- La promoción de conexiones humanas significativas

Parte IV
Estrategias de Evolución

Capítulo X
Camino hacia el Híbrido Digital:
Una Guía Práctica

"El futuro no es algo que nos sucede. Es algo que construimos paso a paso en el presente."

- Simon Sinek

Si has llegado hasta aquí, probablemente te preguntes: "¿Cómo puedo convertirme en un Híbrido Digital? ¿Por dónde empiezo?" La buena noticia es que este proceso ya ha comenzado en ti, incluso si no eres consciente de ello. Cada vez que usas el GPS para navegar en tu auto, consultas a ChatGPT para resolver una duda, o permites que Netflix te recomiende qué ver, estás dando pequeños pasos en esta evolución.

Sin embargo, la transformación consciente hacia el Híbrido Digital va más allá del simple uso de tecnología. Es un viaje de desarrollo personal que integra nuestras capacidades humanas con las herramientas digitales de manera significativa y productiva.

Este capítulo es tu mapa de ruta práctico. No es una fórmula mágica ni un conjunto rígido de reglas, sino una guía flexible que puedes adaptar a tu realidad y necesidades específicas. Vamos a explorar pasos concretos, ejercicios prácticos y estrategias comprobadas que puedes implementar desde hoy mismo.

Lo más importante es entender que convertirse en un Híbrido Digital no significa perder tu humanidad o convertirte en un tecno-adicto. Por el contrario, se trata de amplificar tus capacidades naturales mientras mantienes tu esencia humana intacta. Es como aprender un nuevo idioma: no pierdes tu lengua materna, sino que ganas la capacidad de comunicarte en más contextos y con más personas.

Evaluación de tu Punto de Partida

Antes de embarcarnos en cualquier viaje, necesitamos saber dónde estamos. El primer paso para convertirte en un Híbrido Digital efectivo es realizar una evaluación honesta de tu situación actual.

EJERCICIO PRÁCTICO #1: Tu Perfil Digital Actual

Toma un papel o abre un documento digital y responde estas preguntas:

1. Zona de Confort Digital:
   - ¿Qué herramientas digitales usas cómodamente en tu día a día?
   - ¿En qué situaciones recurres naturalmente a la tecnología?
   - ¿Qué tareas prefieres realizar de manera analógica?

2. Puntos de Tensión:
   - ¿Qué aspectos de la tecnología te generan ansiedad o frustración?
   - ¿Dónde sientes que la tecnología interfiere en lugar de ayudar?
   - ¿Qué habilidades digitales sientes que te faltan?

EJERCICIO PRÁCTICO #2: Auditoría de Herramientas Digitales

Paso 1: Identificación de Herramientas
Crea una tabla con cuatro columnas:

- Columna 1: Nombre de la herramienta digital
- Columna 2: Frecuencia de uso (1-5)
- Columna 3: Nivel de dominio (1-5)
- Columna 4: Valor aportado (1-5)

Ejemplo de formato:

Herramienta	Frecuencia	Dominio	Valor
Gmail	5	4	5
Excel	3	2	4
ChatGPT	4	3	5

Paso 2: Evaluación
Para cada herramienta, asigna puntuaciones:

Frecuencia de Uso (1-5):
1 = Casi nunca
2 = Mensualmente
3 = Semanalmente
4 = Diariamente
5 = Varias veces al día

Nivel de Dominio (1-5):
1 = Principiante (uso básico)
2 = Intermedio bajo (conozco algunas funciones)
3 = Intermedio (uso regular con confianza)
4 = Avanzado (domino de la mayoría de las funciones)
5 = Experto (dominio total)

Valor Aportado (1-5):
1 = Mínimo impacto en mi vida/trabajo
2 = Alguna utilidad ocasional
3 = Útil pero no esencial
4 = Muy valuable
5 = Indispensable

Interpretando tus Resultados

Ahora que has completado tu auditoría de herramientas, vamos a dar sentido a estos números y convertirlos en un plan de acción. Es como tener un mapa de tus habilidades digitales que te muestra dónde estás y hacia dónde puedes ir.

Paso 3: Análisis de Patrones

Busca las "Estrellas Digitales":
Son las herramientas que obtienen puntuaciones altas (4-5) en las tres categorías. Estas son tus fortalezas actuales como Híbrido Digital. Por ejemplo, si Gmail tiene 5-4-5, significa que es una herramienta que dominas y te aporta valor real.

Identifica las "Oportunidades de Mejora":

Busca herramientas con alto valor (4-5) pero bajo dominio (1-2). Estas son tus prioridades de aprendizaje. Por ejemplo, si Excel tiene 3-2-4, significa que podría ser más valioso para ti si mejoras tu dominio.

Detecta los "Drenadores de Tiempo":
Son herramientas con alta frecuencia (4-5) pero bajo valor (1-2). Quizás estés dedicando demasiado tiempo a aplicaciones que no te aportan beneficio real.

Paso 4: Plan de Optimización
Crea tres listas simples:

MANTENER:
- Herramientas que funcionan bien (tus "Estrellas Digitales")
- Seguir usándolas y mantenerte actualizado

MEJORAR:
- Herramientas con potencial (tus "Oportunidades de Mejora")
- Establecer metas específicas de aprendizaje para cada una

REDUCIR/ELIMINAR:
- Herramientas que consumen más de lo que aportan (tus "Drenadores de Tiempo")
- Plan para reducir su uso o reemplazarlas

Creando tu Plan de Desarrollo Híbrido

Ahora que tienes claro dónde estás, vamos a crear un plan realista y alcanzable para desarrollar tus capacidades como Híbrido Digital. La clave está en avanzar paso a paso, sin abrumarte.

EJERCICIO PRÁCTICO #3: Tu Plan de 90 Días

Semana 1-4: Fase de Fundamentos
Elige UNA herramienta de tu lista "MEJORAR" y enfócate en dominarla:
- Dedica 20 minutos diarios a aprender
- Usa tutoriales gratuitos en YouTube
- Practica con proyectos pequeños y reales
- Celebra cada pequeño avance

Por ejemplo: Si elegiste Excel
- Semana 1: Fórmulas básicas
- Semana 2: Tablas dinámicas simples
- Semana 3: Gráficos
- Semana 4: Mini-proyecto aplicando lo aprendido

Semana 5-8: Fase de Integración Comienza a combinar herramientas:
- Conecta lo que aprendiste con otras aplicaciones
- Busca formas de automatizar tareas repetitivas
- Experimenta con flujos de trabajo más eficientes

Por ejemplo:
- Combinar Excel con Gmail para reportes automáticos
- Usar ChatGPT para mejorar tus fórmulas
- Crear tableros de control simples

Semana 9-12: Fase de Innovación Empieza a crear tus propias soluciones:
- Personaliza las herramientas a tu estilo
- Desarrolla atajos y trucos propios
- Comparte lo que aprendes con otros

CONSEJO PRÁCTICO: Mantén un "Diario de Aprendizaje Digital"
- Anota lo que funciona y lo que no
- Registra tus victorias, por pequeñas que sean
- Documenta los trucos que descubras

Superando Obstáculos Comunes

En tu camino para convertirte en un Híbrido Digital, encontrarás desafíos. Esto es completamente normal y parte del proceso. Aquí te presentamos los obstáculos más comunes y estrategias prácticas para superarlos.

Obstáculo #1: "No tengo tiempo"
Solución Práctica:
- Usa la técnica del "bocado pequeño": 20 minutos diarios
- Aprovecha tiempos muertos (transporte, esperas)
- Convierte el aprendizaje en parte de tu rutina diaria

Mini-Ejercicio: La Regla 20/20
- 20 minutos de aprendizaje

- 20 minutos de práctica real ¡Esto es todo! Hazlo consistentemente y verás resultados.

Obstáculo #2: "Me siento abrumado"
Solución Práctica:
- Sigue la regla de "UNA COSA A LA VEZ"
- Divide cada habilidad en mini-habilidades
- Celebra cada pequeño avance

Lista de Control Diaria:
☐ Aprendí algo nuevo (por pequeño que sea)
☐ Practiqué lo que aprendí
☐ Reflexioné sobre mi progreso

Obstáculo #3: "Tengo miedo de cometer errores"
Solución Práctica:
- Crea un "espacio seguro" para experimentar
- Usa versiones de prueba o demos
- Adopta la mentalidad del "experimento divertido"

Recuerda: Los errores en el mundo digital son generalmente reversibles. ¡Úsalos como oportunidades de aprendizaje!

Tu Kit de Supervivencia Digital

Para cerrar este capítulo práctico, aquí tienes un conjunto de herramientas y recordatorios esenciales que te ayudarán en tu viaje hacia convertirte en un Híbrido Digital efectivo.

Lista de Verificación Diaria del Híbrido Digital:
- ¿Aprendí algo nuevo hoy?
- ¿Optimicé alguna tarea usando tecnología?
- ¿Mantuve mi humanidad en mis interacciones digitales?
- ¿Logré un balance entre lo digital y lo analógico?

Hábitos Clave para el Éxito:
1. Curiosidad Constante
   - Pregúntate "¿hay una mejor manera de hacer esto?"
   - Mantente al día con las tendencias relevantes
   - Experimenta con nuevas herramientas regularmente

2. Balance Consciente
   - Alterna entre modos digital y analógico
   - Programa "tiempo sin pantallas"
   - Mantén conexiones humanas significativas
3. Mejora Continua
   - Evalúa tu progreso mensualmente
   - Ajusta tu plan según sea necesario
   - Celebra tus logros, por pequeños que sean

Lo que hemos aprendido

A lo largo de este capítulo, hemos descubierto que convertirnos en un Híbrido Digital no es un proceso misterioso ni inalcanzable, sino un viaje personal de transformación que comienza con pequeños pasos conscientes. Como en todo viaje significativo, lo importante no es la velocidad con la que avanzamos, sino la claridad con la que entendemos hacia dónde vamos.

Hemos aprendido que el primer paso para esta transformación es la autoconciencia digital: entender dónde estamos, qué herramientas dominamos y cuáles necesitamos mejorar. A través de ejercicios prácticos y evaluaciones honestas, hemos trazado nuestro punto de partida único en este viaje.

Las herramientas y estrategias que hemos explorado no son simples técnicas para "ser más digital"; son llaves que abren puertas hacia una nueva forma de existir en el mundo moderno. Desde la auditoría de herramientas hasta el plan de 90 días, cada elemento está diseñado para ayudarte a integrar lo mejor de la tecnología mientras mantienes tu esencia humana intacta.

Más importante aún, hemos comprendido que los obstáculos y desafíos no son barreras, sino oportunidades de crecimiento. La transformación en Híbrido Digital no requiere que abandones quién eres, sino que evoluciones conscientemente hacia quien puedes llegar a ser.

Recuerda: este viaje no es una carrera hacia un destino final, sino un proceso continuo de adaptación y crecimiento. Cada pequeño paso que das, cada nueva habilidad que desarrollas, te acerca más a una versión más capaz y equilibrada de ti mismo en la era digital.

❖ ❖ ❖

Capítulo XI
Economía de la Atención 2.0

"En un mundo de abundancia informativa, la riqueza no está en el acceso a la información, sino en la capacidad de mantener una atención enfocada."
— *Herbert Simon*

EL Híbrido Digital enfrenta un desafío único en la historia de la humanidad: navegar en un océano infinito de información mientras mantiene su capacidad de concentración y productividad. Ya no es suficiente con "prestar atención"; necesitamos aprender a gestionar nuestra atención como el recurso más valioso que poseemos.

Imagina tu atención como una linterna en una habitación oscura llena de tesoros y distracciones. La tecnología ha hecho que esta habitación sea infinitamente grande, con millones de objetos brillantes compitiendo por el haz de luz de tu atención. Como Híbrido Digital, tu desafío no es solo iluminar las cosas correctas, sino mantener el control sobre hacia dónde diriges tu luz.

Este capítulo no es solo teoría; es una guía práctica para desarrollar lo que llamamos "atención aumentada" - la capacidad de utilizar la tecnología para amplificar tu concentración en lugar de dispersarla. Aprenderás estrategias concretas, herramientas específicas y técnicas comprobadas para convertirte en el maestro de tu propia atención.

Lo más importante: descubrirás cómo crear un sistema personalizado que te permita mantener el enfoque en un mundo diseñado para distraerte. No se trata de desconectarse del mundo digital, sino de navegarlo con intención y propósito.

Auditando tu Economía de la Atención

Antes de poder mejorar cómo gestionamos nuestra atención, necesitamos entender cómo la estamos "gastando" actualmente. Al igual que un asesor financiero comienza con un análisis de gastos, vamos a realizar una auditoría de tu atención.

EJERCICIO PRÁCTICO #1: Mapa de Atención de 24 Horas

Paso 1: Seguimiento Durante un día típico, registra en una tabla simple:
- Qué actividades realizas

- Cuánto tiempo dedicas a cada una
- Nivel de concentración (1-5)
- Interrupciones y distracciones

Ejemplo de Registro:

Hora	Actividad	Tiempo	Concentración	Interrupciones
9:00	Emails	45 min	2	8 (mensajes)
10:00	Proyecto	30 min	4	3 (notif.)

Paso 2: Análisis de Patrones Identifica:
- Tus "Horas Doradas": momentos del día con mejor concentración
- "Sumideros de Atención": actividades que dispersan tu enfoque
- "Interrupciones Comunes": qué o quién interrumpe más frecuentemente

EJERCICIO PRÁCTICO #2: Calculadora de Costos de Atención

Para cada interrupción, calcula:
- Tiempo de la interrupción
- Tiempo de recuperación del enfoque (promedio 23 minutos)
- Impacto en la calidad del trabajo (1-5)

Esta auditoría te dará una imagen clara de dónde está fijándose tu atención y qué ajustes necesitas hacer para optimizarla.

Estrategias para la Atención Aumentada

Una vez que entiendes cómo fluye tu atención, es momento de implementar estrategias prácticas para optimizarla. Como Híbrido Digital, no se trata de evitar la tecnología, sino de usarla estratégicamente para mejorar tu capacidad de concentración.

ESTRATEGIA #1: El Sistema de Bloques de Poder

Configura tu día en bloques de trabajo enfocado:

- Bloques Profundos (90 minutos) Para trabajo que requiere máxima concentración ✓ Apaga todas las notificaciones ✓ Usa apps de bloqueo de distracciones ✓ Activa modo "No molestar"
- Bloques Superficiales (45 minutos) Para tareas rutinarias y comunicaciones ✓ Revisa emails y mensajes ✓ Actualiza pendientes ✓ Responde comunicaciones
- Bloques de Recuperación (15 minutos) Entre bloques principales ✓ Ejercicios de respiración ✓ Estiramientos breves ✓ Microdescansos digitales

ESTRATEGIA #2: El Método PARA (Pause-Assess-Redirect-Act)

P - Pausa: Antes de cada nueva tarea o al sentir dispersión **A - Analiza:** ¿Esta actividad merece mi atención ahora? **R - Redirige:** Ajusta tu enfoque si es necesario **A - Actúa:** Procede con intención clara.

Esta estructura te ayuda a mantener el control consciente de tu atención mientras navegas entre tareas digitales y analógicas.

Herramientas del Híbrido Digital para la Atención

La tecnología puede ser tanto el problema como la solución. Aquí tienes un conjunto de herramientas prácticas que puedes implementar inmediatamente para gestionar mejor tu atención.

KIT DE HERRAMIENTAS ESENCIALES:

1. Para Bloques de Trabajo Profundo:
   - Forest App: Planta árboles virtuales que crecen mientras mantienes el enfoque
   - Freedom: Bloquea sitios y apps distractores
   - RescueTime: Monitorea tus hábitos digitales y te da informes detallados
2. Para Gestión de Notificaciones:
   - Configuración de "Horas de Silencio" ✓ En tu smartphone: Programa horarios específicos ✓ En apps de trabajo: Personaliza notificaciones por prioridad ✓ En redes sociales: Desactiva notificaciones push
3. Para Optimizar el Ambiente Digital:

- Minimalismo Digital ✓ Elimina apps no esenciales ✓ Organiza tu pantalla de inicio solo con herramientas críticas ✓ Usa carpetas para reducir la distracción visual

CONSEJO PRÁCTICO: La Regla 2-2-2
- Revisa email 2 veces al día
- Limita redes sociales a 2 períodos específicos
- Ten máximo 2 pestañas abiertas a la vez en tu computador

Recuerda: Las herramientas son ayudantes, no soluciones mágicas. La clave está en usarlas conscientemente para apoyar tus objetivos de atención.

Creando tu Ecosistema de Atención Optimizada

Como Híbrido Digital, necesitas diseñar un entorno que trabaje a tu favor, no en tu contra. Aquí tienes una guía paso a paso para crear tu propio ecosistema que proteja y potencie tu atención.

PASO 1: Diseño de Espacios Digitales

Tu Teléfono:
- Pantalla de Inicio Minimalista ✓ Solo apps esenciales (máximo 6) ✓ Sin notificaciones visuales ✓ Fondos de pantalla neutros

Tu Computadora:
- Organización por Contextos ✓ Carpetas por proyectos ✓ Accesos directos estratégicos ✓ Escritorio limpio

PASO 2: Rituales de Transición

Desarrolla señales claras para tu cerebro:
- Ritual de Inicio ✓ 2 minutos de respiración consciente ✓ Revisión de objetivos del día ✓ Activación de herramientas necesarias.
- Ritual de Cierre ✓ Revisión de logros ✓ Planificación del siguiente día ✓ Desactivación consciente de dispositivos.

PASO 3: Sistema de Mantenimiento

Programa auditorías semanales:

- Revisa patrones de uso
- Ajusta configuraciones
- Elimina distracciones nuevas
- Actualiza estrategias según resultados

El Camino Hacia la Maestría de la Atención

La gestión efectiva de la atención en la era digital no es un destino, sino un proceso continuo de refinamiento y adaptación. Como Híbrido Digital, tu objetivo es desarrollar una relación consciente y productiva con tu capacidad de atención.

PLAN DE IMPLEMENTACIÓN DE 30 DÍAS:

Semana 1: Fundamentos
- Implementa la auditoría de atención
- Configura tus espacios digitales
- Establece tus bloques de tiempo

Semana 2: Herramientas
- Instala y prueba apps recomendadas
- Personaliza notificaciones
- Practica el método PARA

Semana 3: Rituales
- Establece rituales de inicio/cierre
- Implementa la regla 2-2-2
- Practica transiciones conscientes

Semana 4: Refinamiento
- Evalúa resultados
- Ajusta estrategias
- Establece hábitos permanentes

RECORDATORIOS CLAVE:
- Tu atención es tu activo más valioso
- La tecnología debe servir a tus objetivos, no dominarlos
- El progreso es más importante que la perfección
- La consistencia supera a la intensidad

Tu próximo paso: Elige UNA estrategia de este capítulo e impleméntala hoy mismo. No intentes hacerlo todo a la vez. Recuerda, el Híbrido Digital exitoso se construye paso a paso, con intención y consciencia.

Lo que hemos aprendido

En este viaje a través de la economía de la atención, hemos descubierto que la verdadera fortaleza del Híbrido Digital no reside en su capacidad de hacer más cosas, sino en su habilidad para enfocarse en lo que realmente importa. La atención, en la era digital, es mucho más que simplemente "mantenerse concentrado" - es el puente entre nuestras intenciones y nuestros logros.

Como Híbridos Digitales en formación, ahora entendemos que nuestra atención no es un recurso ilimitado que podemos desperdiciar, sino un activo valioso que debemos gestionar sabiamente. Hemos aprendido que la tecnología, cuando se usa conscientemente, puede ser nuestra aliada en la construcción de una mente más enfocada y productiva.

Las herramientas y estrategias que hemos explorado no son simples trucos para hacer más cosas; son claves para vivir una vida digital más consciente y significativa. Desde la auditoría de nuestra atención hasta la creación de un ecosistema digital optimizado, cada elemento forma parte de un sistema mayor diseñado para potenciar nuestra humanidad, no limitarla.

Recuerda: el objetivo no es convertirte en una máquina de productividad, sino en un ser humano más consciente y efectivo en la era digital. Cada paso que das hacia una mejor gestión de tu atención es un paso hacia una versión más equilibrada y capaz de ti mismo.

◆ ◆ ◆

Capítulo XII
El Arte de la Decisión Aumentada

> *"En la era de la información, no es suficiente tomar buenas decisiones - necesitamos tomarlas de manera más inteligente y más rápida que nunca."*
> — Ray Dalio

Imagina que frente a un tablero de ajedrez. Cada movimiento que haces puede tener docenas de consecuencias diferentes, algunas inmediatas, otras que solo se revelarán varios movimientos después. Ahora multiplica esa complejidad por mil: eso es lo que significa tomar decisiones en la era digital.

Como Híbrido Digital, tienes una ventaja única: la capacidad de combinar la intuición humana con el poder analítico de la IA. No se trata de delegar tus decisiones a los algoritmos, ni de ignorar el poder de la tecnología confiando solo en tu instinto. Se trata de crear una nueva forma de tomar decisiones que aproveche lo mejor de ambos mundos.

Este capítulo es tu guía práctica para dominar el arte de la decisión aumentada. Aprenderás cómo utilizar herramientas digitales para mejorar tu proceso de toma de decisiones, mientras mantienes tu juicio humano y valores intactos. No más parálisis por análisis, no más decisiones apresuradas basadas en información incompleta.

Lo más importante: desarrollarás un sistema personalizado que te permitirá tomar decisiones más informadas, más rápidas y más acertadas en un mundo cada vez más complejo.

El Sistema de Decisión del Híbrido Digital

Antes de sumergirnos en las herramientas específicas, necesitamos entender y construir un sistema de decisión que combine nuestras capacidades humanas con el poder de la IA.

ESTRUCTURA DEL SISTEMA H+IA:
1. Fase de Reconocimiento Como humanos, tenemos intuición; como Híbridos Digitales, la potenciamos con datos:

HERRAMIENTA PRÁCTICA: La Matriz de Decisión Digital Ante cada decisión importante, pregúntate:

¿Qué dice mi intuición?
- Anota tu primera impresión
- Identifica tus emociones al respecto
- Registra experiencias pasadas similares

¿Qué dicen los datos?
- Busca patrones en datos relevantes
- Utiliza análisis predictivos
- Consulta tendencias relacionadas

2. Fase de Amplificación: Aquí es donde la magia del Híbrido Digital sucede.

HERRAMIENTA PRÁCTICA: El Amplificador de Perspectivas
- Usa IA generativa para explorar escenarios alternativos
- Emplea simuladores para probar diferentes resultados
- Consulta bases de datos de casos similares

Lo crucial es mantener tu juicio humano como el director de orquesta, usando la tecnología para amplificar tu comprensión, no para reemplazarla.

La Caja de Herramientas para Decisiones Aumentadas

Como Híbrido Digital, necesitas un conjunto específico de herramientas que potencien tu capacidad de decisión. No se trata de acumular aplicaciones, sino de crear un ecosistema que trabaje en armonía con tu proceso de pensamiento.

NIVEL 1: Herramientas de Recopilación de Información

1. Tableros de Datos Personalizados Configura un sistema que agregue automáticamente información relevante:
   - Noticias específicas de tu industria
   - Tendencias relacionadas con tu decisión

- Datos de mercado relevantes
- Opiniones de expertos curados
2. Sistema de Filtrado Inteligente Implementa filtros que separen el ruido de la señal:
   - Configura alertas específicas
   - Usa agregadores RSS personalizados
   - Implementa filtros de relevancia con IA
   - Establece umbrales de importancia

NIVEL 2: Herramientas de Análisis

La Matriz de Decisión Aumentada: ☐ Contexto Humano
- Valores personales implicados
- Impacto en relaciones
- Consecuencias a largo plazo
- Alineación con objetivos vitals

Análisis Digital
- Probabilidades basadas en datos
- Simulaciones de escenarios
- Análisis de tendencias
- Patrones históricos relevantes

CONSEJO PRÁCTICO: El Método 3-3-3 Antes de cada decisión importante:
- Consulta 3 fuentes humanas de confianza
- Utiliza 3 herramientas de análisis diferentes
- Considera el impacto en 3 horizontes temporales (corto, medio y largo plazo)

Este enfoque estructurado te ayuda a mantener un balance entre la sabiduría humana y el poder analítico de la tecnología, asegurando que ningún aspecto importante se pase por alto.

El Proceso de Ejecución Aumentada

Una vez que tienes las herramientas, necesitas un proceso claro para implementar decisiones efectivas. El Híbrido Digital no solo decide mejor, sino que ejecuta con mayor precisión y adaptabilidad.

EL MÉTODO RADAR (Reconoce, Analiza, Decide, Actúa, Revisa)

1. Reconoce
   - Identifica el tipo de decisión □ Decisión reversible (permite experimentación) □ Decisión irreversible (requiere más análisis) □ Decisión de alto impacto □ Decisión rutinaria
2. Analiza Utiliza el poder combinado de mente y máquina:
   - Análisis Cuantitativo (IA) □ Procesamiento de datos □ Modelos predictivos □ Simulaciones numéricas
   - Análisis Cualitativo (Humano) □ Contexto emocional □ Impacto social □ Consideraciones éticas
3. Decide Implementa el "Momento de Síntesis":
   - Combina insights digitales con intuición
   - Establece criterios claros de decisión
   - Documenta el razonamiento
4. Actúa Crea un plan de implementación híbrido:
   - Define hitos medibles
   - Establece mecanismos de seguimiento
   - Prepara planes de contingencia
5. Revisa Implementa un ciclo de retroalimentación continua:
   - Monitoreo en tiempo real
   - Ajustes basados en datos
   - Aprendizaje para futuras decisiones

Superando los Sesgos con Inteligencia Aumentada

Uno de los mayores beneficios de ser un Híbrido Digital es la capacidad de identificar y superar los sesgos cognitivos que afectan nuestras decisiones. La combinación de consciencia humana y análisis digital crea un poderoso sistema de verificación y balance.

GUÍA PRÁCTICA: DETECTOR DE SESGOS H+IA

1. Sesgos Comunes y Sus Antídotos Digitales

Sesgo de Confirmación:
   - Humano: Buscamos información que confirme nuestras creencias
   - Solución H+IA: □ Usa agregadores de noticias con puntos de vista diversos □ Implementa búsquedas inversas automáticas □ Configura alertas de "perspectivas contrarias"

Sesgo de Disponibilidad:
- Humano: Sobrevaloramos la información reciente o fácilmente recordable
- Solución H+IA: □ Mantén un registro digital de decisiones pasadas □ Utiliza líneas temporales automáticas □ Implementa análisis de tendencias a largo plazo

Sesgo de Anclaje:
- Humano: Nos aferramos a la primera información que recibimos
- Solución H+IA: □ Usa generadores de escenarios alternativos □ Implementa análisis de sensibilidad automáticos □ Crea múltiples puntos de referencia

EJERCICIO PRÁCTICO: La Lista de Verificación Anti-Sesgos Antes de cada decisión importante, ejecuta esta verificación:
¿He buscado activamente información que contradiga mi hipótesis inicial?
¿He consultado datos históricos relevantes?
¿He considerado múltiples escenarios posibles?
¿He utilizado herramientas de análisis objetivo?

El Futuro de la Decisión Aumentada

A medida que avanzamos en nuestra evolución como Híbridos Digitales, la toma de decisiones seguirá transformándose. No se trata solo de tomar mejores decisiones hoy, sino de prepararnos para un futuro donde la complejidad y la velocidad del cambio seguirán aumentando.

PREPARÁNDONOS PARA EL MAÑANA:
1. Desarrollo Continuo Mantén tu sistema de decisión actualizado:
    - Evalúa nuevas herramientas regularmente
    - Adapta tus procesos según surjan nuevas tecnologías
    - Mantén un balance entre innovación y estabilidad
2. Creación de Tu Legado de Decisiones Construye una base de conocimiento personal:
    - Documenta tus decisiones importantes
    - Registra lecciones aprendidas
    - Crea tu propio algoritmo de decisión basado en experiencia
3. Manteniendo la Humanidad en el Centro Recuerda siempre:
    - La tecnología es tu aliada, no tu reemplazo

- Los valores humanos son tu brújula moral
- La intuición y la empatía son tus superpoderes

Lo que hemos aprendido

El arte de la decisión aumentada representa la verdadera esencia del Híbrido Digital: la capacidad de combinar lo mejor de nuestras capacidades humanas con el poder de la tecnología. A través de este capítulo, hemos descubierto que no se trata de elegir entre intuición y datos, sino de crear una sinergia que potencie ambos aspectos.

Hemos aprendido que las herramientas y sistemas son importantes, pero más crucial aún es mantener nuestra brújula moral y juicio humano como guías fundamentales. La tecnología amplifica nuestras capacidades, pero son nuestros valores y propósito los que dirigen nuestras decisiones.

Como Híbridos Digitales, ahora estamos equipados no solo para tomar mejores decisiones, sino para hacerlo de una manera que honre tanto nuestra humanidad como nuestro potencial tecnológico. El futuro pertenece a aquellos que pueden navegar esta dualidad con sabiduría y propósito.

La próxima vez que enfrentes una decisión importante, recuerda: no estás solo con tu intuición, ni dependes únicamente de los datos. Eres un Híbrido Digital, capaz de aprovechar lo mejor de ambos mundos para crear un futuro mejor.

◆ ◆ ◆

Parte V
Transformación Práctica

Capítulo XIII
Cultivando tu Ventaja Híbrida

"Tu ventaja competitiva no está en ser mejor en lo que todos hacen, sino en ser único en lo que solo tú puedes hacer."
- Seth Godin

EN un mundo donde la IA puede generar contenido, analizar datos y automatizar tareas cada vez más complejas, tu verdadero valor como Híbrido Digital no está en competir con las máquinas, sino en desarrollar una combinación única de habilidades que te hace irreemplazable. Tu ventaja híbrida es como tu huella digital: única e irrepetible. Es el resultado de combinar tus talentos naturales, experiencias vividas y perspectivas únicas con las capacidades amplificadas que ofrece la tecnología. No se trata de ser "mejor que la IA" o de acumular más certificaciones digitales; se trata de crear una propuesta de valor que solo tú puedes ofrecer.

Imagina a un chef que no solo domina el arte culinario tradicional, sino que utiliza la IA para crear combinaciones de sabores nunca imaginadas, analizar tendencias gastronómicas globales y personalizar menús según datos nutricionales específicos. Su ventaja no está en hacer lo que la IA puede hacer, sino en combinar su creatividad y experiencia culinaria con las posibilidades que ofrece la tecnología.

En este capítulo, descubrirás cómo identificar, desarrollar y potenciar tu propia ventaja híbrida. No más intentar encajar en moldes predefinidos; es momento de destacar por ser auténticamente tú en la era digital.

Descubriendo Tu Factor Único

Tu ventaja híbrida comienza con el reconocimiento de lo que te hace único. No es solo una lista de habilidades, sino la intersección especial entre tus talentos naturales y las posibilidades digitales.

Las Tres Dimensiones de tu Singularidad:

1. Tus Superpoderes Humanos Son esas capacidades que te distinguen naturalmente:
   - ¿Qué te resulta fácil, pero otros encuentran difícil?
   - ¿En qué situaciones la gente busca especialmente tu ayuda?
   - ¿Qué actividades te energizan en lugar de agotarte?

2. Tu Perspectiva Única Formada por tus experiencias y visión del mundo:
   - Las lecciones que has aprendido
   - Los obstáculos que has superado
   - Las conexiones que solo tú puedes ver

3. Tu Zona de Genio Digital Donde tus talentos naturales se amplifican con la tecnología:
   - ¿Qué herramientas digitales potencian tus fortalezas?
   - ¿Qué combinaciones únicas de habilidades has desarrollado?
   - ¿Dónde ves oportunidades que otros pasan por alto?

La magia sucede en la intersección de estas tres dimensiones. Por ejemplo, un profesor con don natural para explicar conceptos complejos (superpoder humano), que ha superado dificultades de aprendizaje (perspectiva única), puede usar la IA para crear experiencias educativas personalizadas (zona de genio digital) de una manera que nadie más puede replicar.

Amplificando Tu Singularidad

Una vez identificado lo que te hace único, es momento de potenciar estas cualidades con las herramientas digitales adecuadas. No se trata de transformarte en alguien diferente, sino de ser una versión más potente de ti mismo.

La Fórmula de la Amplificación Híbrida:

Talento Natural + Tecnología Adecuada = Impacto Exponencial

Por ejemplo:
- Si eres naturalmente empático: La IA puede ayudarte a analizar patrones de comportamiento y emociones a escala global, permitiéndote conectar con personas de manera más profunda y efectiva.

- Si eres un narrador nato: Las herramientas digitales pueden amplificar tu alcance, permitiéndote crear contenido en múltiples formatos y llegar a audiencias globales.
- Si tienes pensamiento estratégico: Los análisis de datos y la IA predictiva pueden potenciar tu capacidad de visualizar escenarios y tomar decisiones más informadas.

Tu Ecosistema de Potenciación:

Identifica las herramientas que:
- Complementan tus fortalezas naturales
- Compensan tus limitaciones
- Expanden tu alcance e impacto

Recuerda: La tecnología debe adaptarse a ti, no al revés. Elige y personaliza tus herramientas basándote en cómo amplifican tu singularidad, no en lo que está de moda.

Construyendo Tu Marca Híbrida

En la era digital, tu marca personal es la manifestación visible de tu ventaja híbrida. No es solo tu presencia online; es la historia única que cuentas a través de la combinación de tus capacidades humanas y digitales.

Elementos de una Marca Híbrida Poderosa:
1. Tu Narrativa Única
   - La historia que solo tú puedes contar
   - La perspectiva que te diferencia
   - El valor específico que aportas
2. Tu Huella Digital
   - El contenido que creas
   - Las conversaciones que lideras
   - Las soluciones que ofreces

3. Tu Impacto Medible
   - Los resultados que generas
   - Las transformaciones que facilitas
   - El valor que añades

Piensa en tu marca híbrida como un puente entre lo humano y lo digital. Por ejemplo, un diseñador que no solo crea visualmente, sino que utiliza la IA para entender tendencias y preferencias, mientras mantiene su estilo distintivo y conexión emocional con sus clientes.

Lo que hace única tu marca híbrida:
- La autenticidad de tu voz humana
- La potencia de tus herramientas digitales
- La síntesis única que creas entre ambas

Monetizando Tu Ventaja Híbrida
Tener una ventaja única es valioso, pero saber monetizarla es crucial. En la economía digital, las oportunidades para crear valor (y generar ingresos) son más diversas que nunca.

Estrategias de Monetización Híbrida:

1. Servicios Aumentados Ofrece servicios que combinen tu expertise humano con potencia digital:
   - Consultoría personalizada con insights basados en datos
   - Coaching respaldado por análisis predictivo
   - Soluciones creativas potenciadas por IA
2. Productos Digitales Únicos Crea productos que reflejen tu singularidad:
   - Cursos que combinen tu conocimiento con aprendizaje adaptativo
   - Herramientas que incorporen tu metodología única
   - Contenido que fusione tu creatividad con tecnología
3. Modelos Híbridos de Negocio Desarrolla fuentes de ingreso que aprovechen la automatización:
   - Servicios premium personalizados
   - Productos escalables digitalmente
   - Comunidades de valor con interacción humana-digital

La clave está en crear ofertas que:
- Sean difíciles de replicar
- Aporten valor genuino

- Escalen sin perder tu toque personal

El Futuro de Tu Ventaja Híbrida

Tu ventaja como Híbrido Digital no es estática; evoluciona constantemente con cada nueva tecnología y cada experiencia que sumas. Lo emocionante es que estás construyendo algo que se vuelve más valioso con el tiempo.

Tendencias Emergentes que Potenciarán tu Ventaja:
- Personalización masiva
- Interacción humano-IA más fluida
- Nuevas formas de creación y colaboración

Mantén tu Ventaja Competitiva:
- Mantente curioso y experimental
- Profundiza en tu especialidad
- Expande tus capacidades de manera estratégica

Lo que hemos aprendido

La verdadera ventaja del Híbrido Digital no reside en competir con la tecnología, sino en crear una sinergia única entre nuestras capacidades humanas y las herramientas digitales. A lo largo de este capítulo, hemos descubierto que nuestra singularidad es nuestro activo más valioso en la era digital.

Hemos aprendido que ser un Híbrido Digital exitoso no significa convertirse en un experto en toda la tecnología disponible, sino en identificar y potenciar aquello que nos hace únicos. La tecnología es el amplificador, pero nuestra humanidad sigue siendo la melodía principal.

Tu ventaja híbrida es tu boleto al futuro: única, valiosa y en constante evolución. No es solo una forma de mantenerte relevante en la era digital; es tu oportunidad de crear un impacto significativo en el mundo, combinando lo mejor de ambos mundos.

El futuro pertenece a aquellos que pueden navegar con gracia entre lo humano y lo digital, creando valor único en el proceso. Y tú, como Híbrido Digital, estás perfectamente posicionado para liderar este camino.

◆ ◆ ◆

Capítulo XIV
Navegando el Futuro Laboral

"El futuro del trabajo no se trata de humanos versus máquinas, sino de humanos y máquinas creando valor de formas que antes eran imposibles."
- Erik Brynjolfsson

El mundo laboral está experimentando su mayor transformación desde la Revolución Industrial. Los titulares sobre la IA reemplazando trabajos abundan, pero esta es solo la superficie de una historia mucho más interesante y llena de oportunidades para los Híbridos Digitales.

Imagina un tablero de ajedrez tridimensional donde las reglas cambian constantemente. Así es el paisaje laboral actual. Los trabajos no solo están siendo automatizados; están siendo reinventados. Las carreras ya no son lineales; son adaptativas. Y en este nuevo escenario, los Híbridos Digitales tienen una ventaja natural: la capacidad de moverse fluidamente entre el mundo humano y el digital.

No se trata de prepararte para "el trabajo del futuro", sino de desarrollar la capacidad de evolucionar con el futuro del trabajo. Los roles más valiosos del mañana probablemente aún no existen, pero surgirán en la intersección entre la creatividad humana y la capacidad computacional.

En este capítulo, exploraremos cómo posicionarte no solo para sobrevivir, sino para prosperar en este nuevo paisaje laboral. Descubrirás las oportunidades emergentes, las habilidades críticas y las estrategias prácticas para construir una carrera resiliente y próspera en la era de la IA.

Las Nuevas Reglas del Juego

El mercado laboral está siendo reescrito por tres fuerzas principales: la automatización, la hibridación y la personalización. Para el Híbrido Digital, estos cambios representan oportunidades sin precedentes.

La Primera Regla: La Adaptabilidad es la Nueva Estabilidad
- Los trabajos fijos están siendo reemplazados por roles fluidos

- Las carreras son portafolios de experiencias, no líneas rectas
- El aprendizaje continuo no es una opción, es una necesidad

La Segunda Regla: La Colaboración H+IA es el Nuevo Estándar Ya no es suficiente ser bueno en lo que haces; necesitas:
- Saber amplificar tus capacidades con IA
- Crear valor único a través de la sinergia humano-máquina
- Desarrollar flujos de trabajo híbridos efectivos

La Tercera Regla: El Valor está en la Intersección Las oportunidades más prometedoras emergen donde se cruzan:
- Habilidades humanas tradicionales
- Capacidades tecnológicas
- Necesidades del mercado

Por ejemplo: Un contador ya no solo maneja números; combina su experiencia financiera con análisis predictivo y comunicación estratégica para convertirse en un asesor de negocios aumentado.

Las profesiones no están desapareciendo; están evolucionando. Y los Híbridos Digitales están perfectamente posicionados para liderar esta evolución.

Oportunidades Emergentes para Híbridos Digitales

El paisaje laboral está revelando nuevos territorios de oportunidad donde los Híbridos Digitales pueden prosperar. No son solo nuevos títulos de trabajo, sino áreas completas de valor que están emergiendo.

Territorios de Oportunidad:
1. Traducción Humano-Digital
   - Puentes entre equipos técnicos y no técnicos
   - Facilitadores de adopción tecnológica
   - Intérpretes de datos para toma de decisiones
   - Diseñadores de experiencias híbridas
2. Curaduría y Contextualización
   - Filtrado inteligente de información
   - Personalización de contenido y experiencias
   - Síntesis de conocimiento
   - Narrativa estratégica
3. Innovación Híbrida

- Diseño de soluciones que combinen lo mejor de humanos y máquinas
- Optimización de procesos con IA
- Creación de nuevos modelos de negocio
- Desarrollo de productos y servicios aumentados
4. Gestión del Cambio Digital
   - Liderazgo en transformación digital
   - Desarrollo de culturas organizacionales híbridas
   - Facilitación de adaptación tecnológica
   - Gestión de equipos humano-IA

La clave no está en perseguir títulos específicos, sino en posicionarte en estas intersecciones de valor donde tu combinación única de habilidades humanas y digitales marca la diferencia.

Construyendo tu Carrera Híbrida

El desarrollo profesional en la era digital no sigue un camino lineal. Es más parecido a construir un ecosistema flexible y adaptativo que puede evolucionar con las oportunidades emergentes.

Estrategias de Posicionamiento:
1. Desarrolla tu Portafolio Híbrido
   - Proyectos que demuestren colaboración H+IA
   - Resultados medibles de implementaciones exitosas
   - Ejemplos de soluciones innovadoras
   - Evidencia de aprendizaje continuo
2. Cultiva tu Red Aumentada
   - Conexiones humanas significativas
   - Presencia digital estratégica
   - Comunidades de práctica híbrida
   - Alianzas con otros innovadores
3. Crea tu Propuesta de Valor Única
   - Identifica problemas emergentes que puedes resolver
   - Desarrolla soluciones que combinen intuición y datos
   - Construye una reputación en nichos específicos
   - Mantén un registro de impacto demostrable
4. Mantén tu Ventaja Competitiva
   - Explora tecnologías emergentes
   - Profundiza en tu expertise humano

- Experimenta con nuevas combinaciones de habilidades
- Anticipa tendencias en tu campo

Lo importante no es solo qué sabes hacer, sino cómo combinas tus habilidades para crear valor único en un mercado en constante evolución.

Navegando la Transición

El cambio es constante en el paisaje laboral actual, y la capacidad de navegar transiciones exitosamente se convierte en una habilidad crucial para el Híbrido Digital.

Estrategias de Transición Efectiva:

1. Evolución Gradual No necesitas hacer cambios dramáticos de la noche a la mañana:
    - Comienza implementando herramientas de IA en tu rol actual
    - Experimenta con nuevos procesos híbridos
    - Documenta mejoras y resultados
    - Construye credibilidad paso a paso
2. Aprovecha tu Posición Actual Tu trabajo actual es tu laboratorio de experimentación:
    - Identifica áreas de mejora que la IA podría resolver
    - Propón proyectos piloto
    - Comparte conocimientos con tu equipo
    - Conviértete en el "experto híbrido" interno
3. Construye Puentes, No Muros La colaboración es clave en la era híbrida:
    - Conecta diferentes departamentos o áreas
    - Facilita la adopción de nuevas tecnologías
    - Ayuda a otros en su viaje digital
    - Crea alianzas estratégicas
4. Mantén la Perspectiva Humana En medio de la transformación digital, recuerda:
    - El valor de las relaciones personales
    - La importancia de la empatía
    - El poder de la comunicación efectiva
    - La necesidad de equilibrio trabajo-vida

Lo que hemos aprendido

El futuro laboral no pertenece a las máquinas ni a los humanos que les temen, sino a los Híbridos Digitales que pueden aprovechar lo mejor de ambos mundos. A lo largo de este capítulo, hemos descubierto que la transformación del trabajo no es una amenaza, sino una oportunidad sin precedentes para quienes están preparados.

Las nuevas reglas del juego están claras: la adaptabilidad, la colaboración H+IA y la creación de valor único son las claves del éxito. No se trata de competir con la IA, sino de crear sinergias que amplíen nuestras capacidades y abran nuevas posibilidades.

Hemos visto que los territorios de oportunidad son vastos y están en constante expansión. Las carreras del futuro no se definen por títulos fijos, sino por la capacidad de evolucionar y crear valor en la intersección entre lo humano y lo digital.

Puntos Clave para Recordar:

- Tu carrera es un ecosistema en evolución
- Las transiciones son oportunidades de crecimiento
- La colaboración H+IA es el nuevo estándar
- El aprendizaje continuo es tu mejor inversión

El mensaje final es claro: el futuro laboral no es algo que nos sucede, es algo que creamos activamente. Como Híbrido Digital, tienes la oportunidad única de ser no solo un participante, sino un arquitecto de este nuevo mundo laboral.

La pregunta ya no es "¿Qué trabajo tendré en el futuro?", sino "¿Qué futuro quiero crear con mis capacidades híbridas únicas?"

◆◆◆

Capítulo XV
Tu Legado Digital

"No se trata de que tecnologías dominas hoy, sino de qué huellas dejas hoy para el mañana."
- Satya Nadella

EN el amanecer de esta nueva era, cada uno de nosotros está escribiendo una historia única. Como Híbridos Digitales, no somos simples espectadores de la revolución tecnológica; somos sus arquitectos, sus narradores y sus guardianes. El legado que construimos hoy definirá no solo nuestro futuro individual, sino el camino que seguirán las generaciones venideras.

Piensa por un momento en los grandes innovadores de la historia. No son recordados simplemente por las herramientas que usaron o las habilidades que dominaron, sino por cómo transformaron la manera en que vivimos, trabajamos y nos conectamos. Tu legado como Híbrido Digital tiene el mismo potencial transformador.

Este no es solo el último capítulo de un libro; es el primer capítulo de tu propia historia como pionero de una nueva era. Una era donde la tecnología y la humanidad no compiten entre sí, sino que bailan en perfecta armonía, creando posibilidades que antes solo podíamos soñar.

La pregunta no es si dejarás un legado, sino qué historia contará ese legado sobre quién fuiste y qué aportaste al mundo en esta crucial intersección de la historia humana.

Más allá de la Tecnología

El verdadero legado de un Híbrido Digital trasciende las herramientas y las habilidades técnicas. Se trata de la sabiduría que acumulamos, las conexiones que forjamos y las vidas que transformamos en nuestro viaje.

Imagina por un momento el impacto acumulativo de tus acciones. Cada vez que ayudas a alguien a navegar el cambio tecnológico con gracia, cada vez que creas una solución que hace la vida más fácil para otros, cada vez que tiendes un puente entre lo tradicional y lo digital, estás creando ondas que se extienden mucho más allá de tu alcance inmediato.

Los primeros Híbridos Digitales somos como los antiguos exploradores, cartografiando territorios desconocidos para quienes vendrán después. Pero a diferencia de aquellos exploradores solitarios, nosotros tenemos la oportunidad única de crear mapas colaborativos, de compartir nuestros descubrimientos en tiempo real, de construir caminos que otros pueden seguir y mejorar.

Tu legado se construye en cada interacción, en cada decisión, en cada momento en que eliges usar la tecnología no solo para hacer las cosas más eficientes, sino para hacerlas más humanas. No se trata de ser recordado como el más hábil o el más innovador, sino como alguien que ayudó a dar forma a un futuro donde la tecnología sirve verdaderamente al progreso humano.

Construyendo Puentes, No Muros

En esta era de transformación acelerada, el verdadero valor no está en ser el más avanzado tecnológicamente, sino en nuestra capacidad para tender puentes. Puentes entre el pasado y el futuro, entre la tradición y la innovación, entre la sabiduría antigua y las posibilidades modernas.

Como Híbridos Digitales, somos traductores naturales entre mundos. Entendemos el lenguaje de la tecnología, pero no hemos olvidado el idioma del corazón. Podemos navegar por el ciberespacio sin perder el contacto con la tierra firme de nuestra humanidad. Esta dualidad no es una contradicción; es nuestra mayor fortaleza.

Piensa en los momentos más significativos de tu viaje hasta ahora. Probablemente no fueron cuando dominaste una nueva herramienta o aprendiste una nueva habilidad técnica. Fueron esos momentos de conexión genuina, cuando usaste tu comprensión única para ayudar a otros a encontrar su camino en este nuevo mundo.

La tecnología continuará evolucionando, las herramientas seguirán cambiando, pero la necesidad de guías sabios, de mentores comprensivos, de pioneros conscientes, solo aumentará. Tu legado no será medido por los dispositivos que dominaste, sino por las vidas que tocaste y las mentes que inspiraste.

El Arte de la Evolución Consciente

En el corazón de nuestro legado como Híbridos Digitales está la capacidad de evolucionar conscientemente, de dirigir nuestro propio desarrollo en lugar de ser arrastrados por la corriente del cambio tecnológico. Esta evolución consciente es quizás el regalo más valioso que podemos dejar a las generaciones futuras.

Somos los primeros de una nueva especie, pioneros en la frontera entre lo humano y lo digital. Nuestras experiencias, nuestros éxitos y sí, también nuestros fracasos, servirán como faros para aquellos que vienen detrás. No estamos simplemente adaptándonos a un futuro que otros han diseñado; estamos activamente dando forma a ese futuro con cada elección que hacemos.

La tecnología seguirá avanzando a un ritmo vertiginoso, pero la sabiduría que acumulamos sobre cómo mantener nuestra humanidad en medio de esta revolución digital será invaluable. Estamos escribiendo el manual no escrito de cómo prosperar en la era de la inteligencia aumentada sin perder nuestra esencia humana.

Cada vez que elegimos la empatía sobre la eficiencia, cada vez que priorizamos la conexión significativa sobre la conveniencia digital, cada vez que usamos la tecnología para amplificar nuestra humanidad en lugar de reemplazarla, estamos estableciendo precedentes importantes para el futuro.

El Futuro que Elegimos Crear

El legado más poderoso que podemos dejar no es un conjunto de habilidades o logros, sino una visión del futuro que inspire a otros a soñar más grande y actuar con más propósito. Como Híbridos Digitales, tenemos la oportunidad única de demostrar que el progreso tecnológico y el progreso humano no son mutuamente excluyentes.

Imagina un futuro donde la tecnología no nos distancia de nuestra humanidad, sino que nos ayuda a expresarla más plenamente. Un futuro donde la inteligencia artificial no reemplaza la sabiduría humana, sino que la amplifica. Un futuro donde cada avance tecnológico nos acerca más a nuestra verdadera naturaleza en lugar de alejarnos de ella.

Este futuro no es inevitable; es una elección que hacemos cada día. Se construye en los pequeños momentos: cuando usamos la tecnología para tender puentes en lugar de crear barreras, cuando elegimos ser mentores en lugar de guardianes del conocimiento, cuando decidimos usar nuestras capacidades aumentadas para elevar a otros junto con nosotros.

Como primera generación de Híbridos Digitales, tenemos la responsabilidad y el privilegio de establecer los cimientos sobre los que se construirá este futuro.

Al llegar al final de este libro, no estamos realmente llegando a un final, sino a un nuevo comienzo. Tu viaje como Híbrido Digital está apenas empezando, y las páginas más emocionantes de tu historia aún están en blanco, esperando a ser escritas.

Has comenzado a desarrollar las habilidades, la mentalidad y la visión necesarias para prosperar en esta nueva era. Pero tu verdadero legado no serán las habilidades que has adquirido, sino las vidas que transformarás con ellas. No será la tecnología que dominas, sino la sabiduría que compartes. No será lo que logras para ti mismo, sino lo que haces posible para otros.

Como Híbrido Digital, eres parte de una nueva generación de pioneros. Tu desafío no es simplemente adaptarte al futuro, sino ayudar a crearlo. Un futuro donde la tecnología sirve a la humanidad, no al revés. Un futuro donde cada avance tecnológico nos acerca más a nuestra verdadera naturaleza, en lugar de alejarnos de ella.

El mundo necesita tu única combinación de humanidad y capacidad tecnológica. Necesita tu visión, tu compasión y tu liderazgo. Necesita tu capacidad de ver más allá de los unos y ceros, hasta el corazón de lo que significa ser humano en la era digital.

Este no es el final de tu historia como Híbrido Digital. Es solo el comienzo.

◆ ◆ ◆

Epílogo
El Viaje Continúa

Al llegar al final de estas páginas, es importante recordar que no estamos realmente llegando a un final. La transformación del Híbrido Digital no es un destino, sino un viaje continuo de descubrimiento y evolución.

Mientras escribía este libro, la tecnología siguió avanzando a un ritmo vertiginoso. Nuevas herramientas de IA emergieron, capacidades que parecían lejanas se volvieron realidad, y las posibilidades de lo que podemos lograr como Híbridos Digitales continuaron expandiéndose. Esta realidad solo confirma una de las premisas centrales de este libro: la capacidad de adaptación y evolución consciente es nuestra ventaja más valiosa.

Lo que hace único este momento en la historia no es solo la velocidad del cambio tecnológico, sino la oportunidad sin precedentes que tenemos para dirigir activamente nuestra propia evolución. Como Híbridos Digitales, no somos observadores pasivos de esta transformación; somos sus arquitectos activos.

A lo largo de estas páginas, hemos explorado las múltiples dimensiones de lo que significa ser un Híbrido Digital. Hemos descubierto que no se trata simplemente de dominar nuevas herramientas o desarrollar habilidades técnicas. Se trata de algo mucho más profundo: la capacidad de mantener y amplificar nuestra humanidad mientras navegamos un mundo cada vez más digital.

A medida que avanzamos hacia el futuro, algunas verdades fundamentales se han vuelto evidentes. La primera es que nuestra capacidad de adaptación es mucho mayor de lo que imaginábamos. Lo hemos visto en cómo profesionales de todas las edades y campos han encontrado formas creativas de integrar la IA en su trabajo sin perder su esencia única.

La segunda verdad es que las habilidades más valiosas en la era del Híbrido Digital no son las que compiten con la IA, sino las que la complementan. La empatía, el pensamiento crítico, la creatividad y la capacidad de hacer las preguntas correctas se han vuelto más importantes, no menos, en un mundo impulsado por la tecnología.

La tercera, y quizás la más significativa, es que el verdadero poder del Híbrido Digital no reside en la tecnología que utiliza, sino en su capacidad para mantener su humanidad mientras navega el cambio tecnológico. Esta es la paradoja hermosa de nuestra era: cuanto más avanza la tecnología, más crucial se vuelve nuestra humanidad.

Mirando hacia adelante, veo un futuro lleno de posibilidades extraordinarias. Un futuro donde la integración entre humanos e IA creará formas completamente nuevas de resolver problemas, crear arte, curar enfermedades y conectar personas. Pero este futuro no está predeterminado; se está escribiendo con cada decisión que tomamos hoy.

Como pioneros de esta nueva era, tenemos una responsabilidad única. No solo con nosotros mismos, sino con las generaciones futuras que heredarán el mundo que estamos ayudando a crear. Nuestras decisiones hoy, nuestra forma de integrar la tecnología en nuestras vidas y trabajo, establecerán los precedentes para cómo la humanidad navegará esta transformación en las décadas por venir.

El camino por delante no siempre será fácil. Habrá momentos de incertidumbre, desafíos que nos harán cuestionar nuestras capacidades, y cambios que pondrán a prueba nuestra adaptabilidad. Pero también habrá momentos de descubrimiento asombroso, de conexiones significativas potenciadas por la tecnología, y de logros que hoy apenas podemos imaginar. Mi esperanza más profunda es que este libro te haya proporcionado no solo herramientas y estrategias prácticas, sino también una visión más clara de tu potencial como Híbrido Digital.

Mientras cierro estas páginas, te invito a recordar que tu viaje como Híbrido Digital está apenas comenzando. Cada día trae nuevas oportunidades para crecer, aprender y evolucionar. Cada interacción con la tecnología es una oportunidad para redefinir lo que significa ser humano en la era digital.

El futuro está llamando. Y gracias a nuestra capacidad única de combinar lo mejor de ambos mundos - lo humano y lo digital - estamos mejor preparados que nunca para responder a ese llamado.

El viaje continúa. Y es más emocionante que nunca.

❖ ❖ ❖

Glosario de Términos

Aprendizaje Automático (Machine Learning): Un subcampo de la IA que se enfoca en el desarrollo de algoritmos y modelos que permiten a los sistemas aprender y mejorar automáticamente a partir de la experiencia y los datos, sin ser programados explícitamente para cada tarea.

Aprendizaje No Supervisado: Un tipo de Machine Learning en el que los algoritmos aprenden a partir de datos no etiquetados, es decir, datos que no tienen una respuesta o salida conocida asociada. El objetivo es que el algoritmo descubra patrones, relaciones o estructuras ocultas en los datos sin recibir instrucciones explícitas.

Aprendizaje por Refuerzo: Un tipo de Machine Learning en el que un agente aprende a tomar decisiones interactuando con un entorno. El agente recibe recompensas o castigos por sus acciones, y su objetivo es aprender a maximizar la recompensa acumulada a lo largo del tiempo.

Aprendizaje Profundo (Deep Learning): Un tipo de Machine Learning que utiliza redes neuronales artificiales con múltiples capas (profundas) para analizar y procesar grandes cantidades de datos, lo que permite a los sistemas aprender representaciones complejas y realizar tareas como el reconocimiento de imágenes, el procesamiento del lenguaje natural y la traducción automática.

Aprendizaje Supervisado: Un tipo de Machine Learning en el que los algoritmos aprenden a partir de datos etiquetados, es decir, datos que ya tienen una respuesta o salida conocida asociada. El objetivo es que el algoritmo aprenda a generalizar a partir de estos ejemplos y pueda predecir la salida correcta para nuevos datos no etiquetados.

Asistente Virtual de Salud: Un programa de IA diseñado para interactuar con los pacientes y brindarles información, orientación y apoyo relacionados con su salud. Los asistentes virtuales de salud pueden realizar tareas como responder preguntas, programar citas, recordar medicamentos, monitorear síntomas y brindar educación sobre la salud.

BERT (Bidirectional Encoder Representations from Transformers): Un modelo de lenguaje desarrollado por Google que ha revolucionado el campo del Procesamiento del Lenguaje Natural (PLN). BERT se destaca por su capacidad para comprender el contexto y la ambigüedad del lenguaje, lo que le permite realizar tareas como la respuesta a preguntas, la clasificación de texto y el análisis de sentimientos con alta precisión.

Big Data (Grandes Datos): Conjuntos de datos extremadamente grandes y complejos que superan la capacidad de procesamiento de las herramientas tradicionales de gestión de datos. El Big Data se caracteriza por su volumen, velocidad y variedad, y requiere tecnologías y técnicas especializadas para su análisis y extracción de información valiosa.

ChatGPT: Un chatbot conversacional desarrollado por OpenAI, basado en la arquitectura GPT, que puede participar en diálogos naturales sobre una amplia gama de temas. ChatGPT ha sido elogiado por su capacidad para generar respuestas informativas, creativas y atractivas, y se ha utilizado en diversas aplicaciones, como la atención al cliente, la educación y el entretenimiento.

Claude: Un chatbot de IA desarrollado por Anthropic con un enfoque en la seguridad y la alineación de valores. Claude está diseñado para ser útil, inofensivo y honesto, y se ha sometido a pruebas rigurosas para garantizar que cumpla con estos principios.

Ética de la IA: El campo que se ocupa de las implicaciones morales y sociales del desarrollo, despliegue y uso de sistemas de IA. La ética de la IA aborda cuestiones como la equidad, la transparencia, la responsabilidad, la privacidad, la seguridad y el impacto de la IA en el empleo y la sociedad en general.

Explicabilidad de la IA (IA Explicable): La capacidad de comprender e interpretar las decisiones y predicciones realizadas por los sistemas de IA. La IA explicable es importante para generar confianza en los sistemas de IA, identificar posibles sesgos y errores, y garantizar que las decisiones tomadas por la IA sean transparentes, justas y responsables.

Gemini: Un modelo de lenguaje desarrollado por Google. Se espera que sea multimodal, lo que significa que podrá procesar texto, imágenes y otros tipos de datos, mejorando las capacidades de generación de texto, procesamiento de imágenes y otras tareas de inteligencia artificial.

GPT (Generative Pre-trained Transformer): Una serie de modelos de lenguaje desarrollados por OpenAI, conocidos por su capacidad para generar texto coherente y contextualmente relevante a partir de indicaciones simples. Los modelos GPT se han utilizado en diversas aplicaciones, como la creación de chatbots, la generación de contenido y la asistencia en la escritura.

Híbrido Digital: Un individuo que combina conscientemente las capacidades humanas, como la creatividad, la empatía y el juicio ético, con el uso estratégico de tecnologías digitales, especialmente la inteligencia artificial, para amplificar su potencial y crear valor único en la era digital.

IA Aumentada (Medicina Aumentada por IA): La integración de tecnologías de IA en la práctica médica para mejorar y complementar, en lugar de reemplazar, las capacidades humanas. La IA aumentada puede ayudar a los profesionales de la salud a tomar decisiones más informadas, diagnosticar enfermedades con mayor precisión, personalizar tratamientos y optimizar la atención al paciente.

IA Generativa: Un subcampo de la IA que se centra en la creación de contenido original y creativo, como texto, imágenes, música o videos, utilizando modelos de aprendizaje automático. La IA generativa tiene aplicaciones en diversas áreas, como la creación de arte, la generación de contenido de marketing, el diseño de productos y la asistencia en la escritura creativa.

Inteligencia Artificial (IA): La capacidad de las máquinas para imitar o simular la inteligencia humana, realizando tareas que normalmente requerirían habilidades cognitivas como el aprendizaje, el razonamiento, la resolución de problemas, la percepción y la toma de decisiones.

Interoperabilidad: La capacidad de diferentes sistemas y dispositivos de tecnología de la información para comunicarse, intercambiar datos y utilizar la información intercambiada de manera significativa. En el contexto de la salud, la interoperabilidad es crucial para garantizar que los registros médicos electrónicos, los resultados de laboratorio y otros datos de salud relevantes puedan ser compartidos y accedidos de manera segura y eficiente entre diferentes proveedores y organizaciones de atención médica.

Llama: Un modelo de lenguaje desarrollado por Meta AI (anteriormente Facebook AI). Está diseñado para ser más eficiente y accesible que otros modelos grandes, con un enfoque en la investigación y el uso responsable, mejorando las capacidades de generación de texto y otras tareas de inteligencia artificial.

Medicina de Precisión: Un enfoque médico que tiene como objetivo personalizar la prevención, el diagnóstico y el tratamiento de enfermedades en función de las características individuales de cada paciente, como su genética, estilo de vida y entorno. La medicina de precisión utiliza datos genómicos, moleculares y clínicos para identificar el mejor enfoque terapéutico para cada paciente.

Midjourney y DALL-E: Plataformas que utilizan LLM para permitir la generación de imágenes a partir de indicaciones de texto. Estas plataformas han democratizado la creación de arte y han permitido a los usuarios generar imágenes únicas y creativas simplemente describiendo lo que quieren ver.

Modelos de Lenguaje Grande (LLM): Modelos de aprendizaje profundo que han sido entrenados en enormes cantidades de datos de texto para comprender y generar lenguaje natural de una manera que a menudo es indistinguible del lenguaje humano. Los LLM pueden realizar tareas como la traducción automática, la respuesta a preguntas, la generación de texto y la creación de chatbots conversacionales.

Privacidad de Datos: El derecho de los individuos a controlar la recopilación, el uso y la divulgación de su información personal. En el contexto de la IA, la privacidad de datos es fundamental para proteger la información sensible de los pacientes y garantizar que los datos de salud se utilicen de manera ética y responsable.

Procesamiento del Lenguaje Natural (PLN): Un campo de la IA que se ocupa de la interacción entre las computadoras y el lenguaje humano, incluyendo tareas como la comprensión del lenguaje, la generación de texto, la traducción automática, el análisis de sentimientos y la respuesta a preguntas.

Red Neuronal Artificial (RNA): Un modelo computacional inspirado en la estructura y funcionamiento del cerebro humano, compuesto por nodos interconectados (neuronas artificiales) que procesan y transmiten información, utilizado en el aprendizaje automático y el aprendizaje profundo para modelar relaciones complejas y realizar predicciones.

Seguridad de la IA: Medidas para proteger los sistemas de IA contra el mal uso, la interferencia, el acceso no autorizado y los ataques cibernéticos. La seguridad de la IA es crucial para garantizar la integridad, disponibilidad y confidencialidad de los datos y sistemas de IA, así como para prevenir daños y consecuencias no deseadas.

Sesgo Algorítmico: Errores sistemáticos y repetibles en los sistemas de IA que pueden llevar a resultados injustos, discriminatorios o inexactos. El sesgo algorítmico puede surgir de diversas fuentes, como datos de entrenamiento sesgados, diseño deficiente del algoritmo o falta de diversidad en los equipos de desarrollo.

Telemedicina: La prestación de servicios de atención médica a distancia utilizando tecnologías de telecomunicaciones, como videollamadas, aplicaciones móviles y plataformas en línea. La telemedicina permite a los pacientes acceder a consultas médicas, diagnósticos, tratamientos y seguimiento desde la comodidad de su hogar u otro lugar remoto.

Visión por Computadora (Computer Vision): Un campo de la inteligencia artificial que se enfoca en desarrollar algoritmos y técnicas para permitir que las computadoras "vean" e interpreten el mundo visual a través de imágenes y videos. Esto implica tareas como el reconocimiento de objetos, la detección y clasificación de elementos, el seguimiento de movimiento, la reconstrucción 3D y la segmentación de imágenes, entre otras.

Made in the USA
Columbia, SC
31 May 2025